個人危機
預判、預防、處置與善後

鍾堅　著

五南圖書出版公司 印行

再版序

　　漫長的人生經歷，大多數人起起伏伏，充滿了快樂幸福，也躲不開挫折失敗，如學業不順、感情受傷、財產縮水、健康惡化、發生重大變故、尊嚴盡失、信譽敗挫。熬不過這些逆境與關卡，極有可能衍生災難性的後果；易言之，大多數人的人生經歷，時時刻刻充滿了個人危機。

　　作者在三十餘寒暑的教學研究生涯中，經歷過多次個人的事故危機、健康危機、財務危機、感情危機與學習危機，到頭來總能履險如夷、逢凶化吉。這些年來也持續替政府、企業及公眾人物把過脈，從中居間化解了國家危機、企業危機及當事人的危機。作者累積了還算豐富的體驗，一直希望有機會能將所體驗的個人危機控管，轉換成大學通識學程內社會科學類中生涯管理學門的課程。

　　承蒙國立清華大學通識教育中心的邀請，作者早於93學年度第二學期開始講授兩學分的「個人危機預防」課程，課程設計指標爲「危機預防通俗化、危機預防簡單化、危機預防實用化；預防生活危機化、生活危機預防化、危機預防生活化」，策略爲「防患於未然、弭禍於無形、制亂於初動、止危於復甦」。有別於企業、組織、武裝部隊及政府的危機管理進修課程，「個人危機預防」這門課是依作者個人體驗及工作經驗的累積，設計出青年朋友面對個人危機有效控管的全新課程。凡覺得自己有危機的同學，或自認人生絕望的同學，作者都建議他們選修這門非常實用的通識課程。這門課首度推出在預選時，全校有百位以上同學登錄選修，可見個人危機控管，已成爲時下青年朋友最迫切想學、但又不得其門而入必選的通識課程。

　　這門課隨後也加列了許多相關單元，充實並完善個人危機控管：認識危機、危機概念、危機分類、辨識危機、預判危機、預防危機、應變準備、防衛措施、危機處置、善後鑑評與性侵害危機。94學年度第一學期蒙五南圖書出版公司主編陳念祖先生力邀，《個人危機》初版教科書終於在書店通路鋪書。講授十年下來，在清華校園選修這

門通識課程的學生，已累計達 1,190 位同學；其他大專院校的同業，使用《個人危機》教科書開授類似的通識課程，十年來也累計近 3,000 位同學選修。這十年來，作者個人體驗及工作經驗持續累積，加諸實務相關的數據也逐年滾動式快速變化，五南圖書副總編陳念祖先生希望本書能依照新情勢增修授課內容再版。作者再將講授教材修編、附錄有學生隨堂習作題目與延伸閱讀書目增訂，再增加大學不教的校園學生預防危機處方箋，擴充成《個人危機：預判、預防、處置與善後》這本九萬字的再版教科書。

　　再版《個人危機：預判、預防、處置與善後》教科書規劃為二至三個學分課，作為通識教育學程之社會科學類生涯管理學門的課程，也可作為社會人士終身學習勵志性的參考題材。期望讀者在讀完這本再版教科書，做完所有與切身相關的習作後，無論在任何時間、任何地點、任何狀況下，都能信心滿滿地成為一位個人危機控管高手。

鏡里

寫於新竹國立清華大學 2016.8.31

目

錄

導　讀

兵聖孫武《孫子兵法》虛實篇

水因地而制流，兵因敵而制勝。
故兵無常勢，水無常形，
能因敵變化而取勝者，謂之神。

個人危機新注《孫子兵法》

水因地勢而改變流向，個人危機控管則需根據情勢演變而防患未然。所以，個人危機控管沒有固定或一成不變的方法且因人而異，就如同流水沒有固定的河道，能因應情勢多變的個人，而且能消弭危機者，方可稱為料事如神。

　　大學通識教育長久以來一直缺乏一門個人危機控管的課程，讓青年朋友學習如何預判、預防、處置並善後個人危機。事實上，大學通識教育是正統教育的一環，通識教育之目的在培養全人應有的一般常識以及相關的技能。通識教育的內容強調常識的廣博與整體，其範圍應包括：人文科學、自然科學、社會科學與生命科學；通識教育的價值在培養學生表達、溝通、整合、研析、判斷能力，其目標設定在陶冶學生追求卓越、尊重他人、熱心公益、珍視倫理、善盡義務、關懷世界的情操。因此，個人危機這門課，需要一本能符合教育部部訂大學通識教育之目的、內容、範圍、價值及目標的教科書。

　　五南圖書出版股份有限公司推出的《個人危機：預判、預防、處置與善後》再版教科書，是依據作者在國立清華大學通識教育學程一學期課程的教材、講義、習作及師生互動講授學習經驗累積所彙編而成。這本教科書屬通識教育學程的社會科學類生涯管理學門，二至三個學分課程的安排。運用這本教科書可提供學生多元化的認知、視野，增加個人體驗，養成學生獨立思考、辨析能力與理性價值判斷的智慧。更重要的是，提供學生跨領域而又聚焦在個人身上的學術對話，以及跨學門一般常識與專業知識間的互動交流。

　　這本教科書的內涵以理論為主，數據與經驗為輔；附錄中實用的「個人危機隨堂習作 39 則」與「大學不教的校園學生預防危機處方箋 12 則」，又與學生生活密切關聯，使學生可當下在課堂外「學以致用」，去面對個人潛在危機，做好個人危機預判與預防，一旦個人危機發生，也可以做好處置與善後。另一方面，這本教科書的編排，亦可作為終身學習勵志性的題材，特別是想瞭解個人危機控管，以及正在面臨危機形成或想妥善面對危機的社會人士，可研讀此一題材，以學習如何處理個人危機。

　　這本教科書的精髓，是傳授讀者以下十項核心議題：

　　1. 研討理性加感性的一種待人處世藝術。

　　2. 不是將單純問題複雜化，而是將複雜問題單純化。

　　3. 有機會認識危機、預防危機。

　　4. 預防危機重於處置危機，處置危機重於迴避危機。

5. 待變重於應變，應變重於不變。

6. 教你如何在驚險的變局中求生存發展。

7. 讓你有信心大事化小、趨吉避凶，甚至死裡逃生。

8. 建構能力，擺脫「生死有命、富貴在天」的消極宿命。

9. 讀完後覺得自己有成就、有尊嚴，不再焦慮畏縮。

10. 重塑個人生涯該有的價值觀、道德觀與權力觀。

本書除了導讀外，共有十二章，可配合段考與期末考分為四階段講授，首階段含導讀與第壹～參章，第二階段為第肆～陸章，第三階段為第柒～玖章，最後階段為第拾～拾貳章。除了導讀外，全書共有 39 個單元，可作為二至三個學分課程講授。當作三學分的課程，39 個單元約使用 39 小時去講授，隨堂習作使用 12 小時以測試學生領會程度，三學分剩下的 3 小時，可作為期末考使用。若為兩學分的課程，本教科書的 39 個單元加上導讀與期末考，可在 36 小時內加快講授完畢。本書附錄中每個單元，都有一份與讀者切身相關的隨堂習作，可作為考試的題庫；本書附錄中，還附有「校園學生預防危機處方箋 12 則」，這些處方箋亦可作為課後輔導作業，期使學生善用校園的每個生活體驗，充實自己的人生以預防個人危機。

本書講授四個階段的首階段（使用時間：學期前 6 週），含導讀、認識個人危機、個人危機概念、個人危機分類與段考：

第壹章　認識個人危機：個人危機的定義；個人危機的特質；無處不在、無所不在的危機；預防勝於處置、處置勝於迴避。

第貳章　個人危機概念：個人危機三階段：潛伏、爆發、善後；個人危機真的會上身？個人危機徵兆：憂鬱症；個人危機極端：自我傷害。

第參章　個人危機分類：個人面臨的五類危機；形成危機的潛因；猝然突變的事故；個人危機與企業危機的異同。

本書講授的第二階段（使用時間：學期中的第 7~11 週），含辨識個人危機、預判個人危機、個人危機預防及期中考：

第肆章　辨識個人危機：辨識危機首重資訊蒐集；辨識危機要五問自己；分辨危機善用數理邏輯；辨識危機的可用資源。

　　第伍章　預判個人危機：質化、量化危機預判；三維座標半量化的預判危機；危機時間的緊迫性與損害的嚴重性；風險定義與預判風險等級。

　　第陸章　個人危機預防：找出個人危機的核心潛因；預防危機的實力、能力與戰力分級；個人危機預防的靜態實力；個人危機預防的動態能力。

　　本書講授的第三階段（使用時間：學期中的第 12~15 週），含個人危機應變準備、個人危機防衛措施、個人危機處置與段考：

　　第柒章　個人危機應變準備：有備才能防患未然；應變準備計畫；個人求生必備品與急救知識。

　　第捌章　個人危機防衛措施：防衛措施包括個人健康、攝食面向；個人財務、經濟面向；個人生活、居住面向與個人行旅、育樂面向。

　　第玖章　個人危機處置：如何面對衝突；個人危機談判入門；個人危機處置節奏。

　　本書講授的最後階段（使用時間：學期末的最後 3 週），含個人危機善後與鑑評、性侵害危機、讓個人危機永遠不上身與期末考：

　　第拾章　個人危機善後與鑑評：善後：永遠的創痕如何深埋；鑑評：防止一錯再錯。

　　第拾壹章　性侵害危機：個人危機的終極試煉；性侵害預防、處置與善後。

　　第拾貳章　讓個人危機永遠不上身：個人危機預判、預防、處置與善後總結。

　　從上述各章可看出，本書與管理領域的企業危機管理迥異，更有別於一般的管理課程；個人終究是有感情、有情緒的自然人，當然和靜態結構性的組織、企業、國家不同，所以絕不可將企業危機管理法則、地圖搬家逕自套用於個人危機。本教科書每章的章頭，都引用春秋末期《孫子兵法》內發人深省的哲理名言，藉以打開個人危機相應的各單元。書內附有政府機關的網站所公布的最新統計資料所彙整成的圖與表，來彰顯個人危機控管的重要性。除了每章章尾加注注釋外，在附錄內更列出延伸閱讀的書目，方便讀者進階研習相關議題。

　　本教科書另附教師專用的輔教光碟片（請來電索取），內含 210 張對應各章、各單元習作的彩色講義，以方便課堂講授與討論。個人危機這門課，在歷經認識危機、危機概念、危機分類、辨識危機、預判危機、預防危機、應變準備、防衛措施、危機處置、善後鑑評與性侵害危機等學習過程後，期望讀者都能有信心，於任何時間、任何地點、任何狀況下，能成為一位個人危機控管高手。

第 壹 章　認識個人危機

兵聖孫武《孫子兵法》謀攻篇

知己知彼，百戰不殆；
不知彼而知己，一勝一負；
不知己，不知彼，每戰必敗。

個人危機新注《孫子兵法》

瞭解自己也瞭解危機，縱使經歷百次個人危機的挑戰，亦不致陷入疲憊險境；對個人危機認知欠缺，就算瞭解自己甚詳，安然度過危機的機率只有一半；既不瞭解自己，也不清楚危機的威脅，一旦個人危機爆發，必敗無疑。

漫長的人生歷程，從生、老、病、死經歷了成長、成家、就學、就業、就醫、就養一路走來，快快樂樂、健健康康直到自然老死的終究是極少數。大多數的人生經歷，充滿了挫折與失敗，如學業不順、感情受傷、家族不和、財產縮水、尊嚴盡失、信譽敗挫，甚至生命、健康受極嚴重的威脅。熬不過這些逆境與關卡，極有可能衍生災難性的後果；易言之，大多數的人生經歷，處處充滿了個人危機。

第 1 單元　個人危機定義

基本定義：個人危機

第一人，或以第一人為首的「群體」，在有徵兆、無預警的窘境中，急迫的問題突然爆發，非常可能為第一人的個人帶來災難性的結果。第一人需立即做出決定並付諸行動，期以降低急迫窘境衍生的損害；若不做應急決定或決定有偏差，或不付諸行動或行動有謬誤，都會導致災難性的結果。

個人危機的個人，指第一人稱的當事人，發生在當事人身上的危機即謂個人危機。在某些特定的情境下，若第一人又恰好是某群體的負責人（如家庭的戶長、旅遊的領隊、部隊的指揮官、公司的總經理、企業的總裁或國家的領導人），他的個人危機不必然帶給群體災難性的後果。舉例而言，教宗的病危，是教宗個人生死的關鍵危機，但並不會造成已制度化的教廷（Holy See）梵蒂岡任何危機；然而，日本裕仁天皇一錯再錯地啟動大東亞戰爭，不但帶給他本人災難性的後果，甚至帶給他領導的群體日本敗亡、生靈塗炭的懲罰。

個人危機的基本定義，彰顯如下八個連串的流程關卡：(1)有徵兆；(2)無預警；(3)急迫問題迅速惡化；(4)危機突然爆發；(5)需當機立斷；(6)即刻付諸行動；(7)災難性的後果；(8)面對結果需善後 [註 1]：

1 個人危機：有徵兆

任何危機的形成過程，均展現出程度不一的徵兆，如同病灶可經由醫生問診、檢驗，甚至久病成良醫的病患自己都可以感覺到病情。又如自我傷害最嚴重的等級：自殺已遂，就是個人危機中最不可取的

案例，居然把自己的生命終結掉。自殺的徵兆非常多，如語言上的徵兆（表態想死）、情緒上的徵兆（孤獨自卑）、行為上的徵兆（放棄並處置所有財物）、環境上的徵兆（人生逢巨變）或生活上的徵兆（憤世嫉俗）。

② 個人危機：無預警

危機經歷冗長的潛伏期（危機初期），終至瞬間爆發（危機中期），危機一旦潛伏醞釀成形，遲早終要引爆，惟難以預測何時引爆。如知名藝人花心劈腿、性侵害良家婦女成癖，結果遭致仇殺成殘；花心劈腿、性侵害成癖，是個人危機的徵兆，遲早一定會出事，但何時遭致仇殺，卻難以預警。

③ 個人危機：急迫問題迅速惡化

問題本身不是危機，但問題日積月累久了之後，就形成危機的潛在因素（潛因）。一旦急迫問題迅速惡化，就導致危機自動爆發。如家族錯誤的飲食習慣，不懂得四低一高（低糖、低鹽、低油脂、低蛋白、高纖維），長年下來，吃出一堆問題，導致心血管疾病突然爆發而辭世，還誤以為是家族歷代的遺傳病變所致。長期錯誤的飲食認知，造成健康日益惡化的問題，衍生血管瞬間破裂的疾病急轉致死，就變成個人的健康危機。

④ 個人危機：突然爆發

對個人造成困境的問題，長期下來一旦形成危機，有猝然性、爆發性與震撼性的效應。最常見的刷卡族，金融卡的張數多，刷卡的次數頻，遭不肖店員盜刷的風險也就高。一旦遭人盜刷而且又刷到爆，被金融機構以高利索取卡債，這種個人財務危機具十足的震撼性與爆發性。

⑤ 個人危機：需當機立斷

　　沒有決心應付個人危機，等同於主動讓危機在當事人身上產生災難性的衝擊。無視於個人危機立即威脅的鴕鳥心態固然不可取，情急之下應急的決策下錯了，同樣也會造成災難性的後果。如登山在暴風雨中斷糧飢寒交迫，走不出叢山峻嶺一定會釀成重大山難事故，故需當機立斷、下定決心脫險保命。隨遇而安的宿命論不作脫險的決策，到頭來個人危機爆發的結局很可能是坐以待斃。但當機立斷的決策下錯了，如決定脫困沿山谷下山，卻遭暴雨土石流淹沒，結局和坐以待斃沒有分別。

⑥ 個人危機：即刻付諸行動

　　個人危機一旦爆發，僅下達正確的決心脫險還不夠，尚得即刻付諸行動，切不可決而不行。即刻，指分秒必爭的應急時段，而非拖拖拉拉、眼睜睜地看著災難發生。如駕駛車輛即將與來車對撞，剎那間需即刻緊急轉向，防止釀成重大車禍。三心兩意錯失應急黃金時段，或動作笨拙、遲鈍緩不濟急，不能即刻付諸應急行動，照樣無法避免災難性的後果。

⑦ 個人危機：災難性的後果

　　危機衍生的後果，一定得對個人產生災難性的衝擊，否則不應視為個人危機。惟個人是否有危機，是個人主觀的認定，有人認為死有重如泰山，視死如歸，死亡的威脅根本不算個人危機；也有人認為身體只要受到任何傷害，哪怕是一丁點破皮，都算個人危機。不過，普世價值觀也給我們災難性後果一個標準：生命終止、健康惡化、家庭破碎、財產盡失、尊嚴受損、感情創傷、名譽掃地，都算是災難性的後果。其中任何一項只要發生在當事人身上，極易辨識是否為災難性後果及是否屬個人危機。

⑧ 個人危機：面對結果需善後

個人危機的第三期（危機後期）屬善後期，個人若因危機而往生，則由家屬、親友協助料理後事；個人若能在危機爆發後存活，則當事人必須面對結果自己去善後。存活者的善後分三個層次：找出什麼原因致使危機爆發、前車之鑑防止一錯再錯，再來是深埋傷痕重新出發，最後則以積極的態度面對未來的人生。

第 2 單元　個人危機的特質

個人危機十大特質

✓　個人危機專指個人，但也會波及他人與群體。

✓　個人危機的認定，視當事人的認知與學養。

✓　與外部產生衝突，極可能衍生個人危機。

✓　面對個人危機的心理反應會影響判斷力。

✓　面對個人危機的生理反應會削弱敏捷性。

✓　恐懼是危機處置最大的殺手。

✓　危機有時程上的急迫性。

✓　危機非得處置，不能迴避。

✓　面對危機的選項十分有限。

✓　危機必定是轉捩點，但不必然也是轉機。

上列框架內列舉了個人危機的十大特質，前五項是個人危機的專屬特質，企業危機與國家危機並不適用；後五項對個人危機、企業危機與國家危機則一體適用 [註 2]。

① 個人危機專指個人，但也會波及他人及群體

個人危機衍生災難性的後果，若僅限於個人而絲毫不影響周邊的親友，則災難也僅及於當事人本人；如學生作弊被開除，是個人求學過程中非常嚴重的危機，但對學校及學生家長的危害非常小，開除學籍的災難也僅及於學生本人，並未波及養育學生的父母。然而，嗜賭如命的賭客輸到傾家蕩產，不但是賭客本身最大的個人危機，同時也波及到家庭的生計，日常開支及繳學費可能都成了問題。因此個人危

機固然專指個人，但災難性的結果有時也會波及他人與群體。

② 個人危機的認定，視當事人的認知與學養

認知有偏差或學養不足，往往會錯把利機當作危機，或危機當成契機。個人認知主觀性非常強烈，受個人的道德觀、價值觀及權力觀所主導；是否會發生個人危機，由當事人的認知來定奪。如沉迷於吸食毒品，只求短暫的快樂與解脫，吸毒者的認知往往不認為會造成個人身心俱創的危機。另一方面，學養欠缺也會導致當事人錯估情勢，盲目地踏入危機的深淵。如誤交損友抽菸成癮，就是因為學養欠缺不瞭解吸菸會致癌且減損壽命所致。

③ 與外部產生衝突，極可能衍生個人危機

人與人、人與事、人與物都會產生衝突，極可能衍生出意想不到的個人危機。人與人產生衝突若不能及時化解，必與人結怨，一旦遭小人伺機報復勢必衍生個人危機。倒行逆施、為德不卒、多行不義是脫離常軌與敗壞倫理的行事風格，極可能醞釀出悲慘凶險的個人危機。愚公移山現代版的過度開發，與環境萬物爭地奪利，到頭來大地反撲致使個人生命財產遭土石流吞噬的慘劇，在臺灣各地不斷地發生。故而當事人只要與外部產生衝突，極可能導致生死交關的個人危機。

④ 面對個人危機的心理反應會影響判斷力

人不是機器，人有生命、有感情，也有情緒。面對危機，若無法做好情緒控管，情緒失控下的心理反應，會直接影響到判斷力。所謂「晴天霹靂」、「驚慌失措」、「六神無主」等形容詞，描述個人面對危機的心理反應最恰當不過。情緒失控下的心理狀態，判斷力要周全非常困難。精神狀態在恍惚呆滯中，決斷力會自亂陣腳；憤怒與抓

狂的疑神疑鬼，到頭來判斷力的盲目性變大。故而面對危機，個人需做好情緒管理，才能迎接挑戰 [註3]。

⑤ 面對個人危機的生理反應會削弱敏捷性

長久的困局、個人問題的惡化，導致危機發生時或面對猝然突變時，除了上述的心理反應外，短暫的生理異常現象，也會削弱應付危機必備的敏捷性。在危機爆發的瞬間，當事人生理的反應可能有動作遲鈍、言行不一、全身顫抖、呼吸窘迫、口乾舌燥、屎尿失禁。危機爆發後的後顯性生理效應，可能會有頭暈目眩、耳鳴心悸、頭痛欲裂、噁心嘔吐、腹部痙攣、惡夢連連或失神失憶等「創傷後壓力症候」（Post-Traumatic Stress Disorder, PTSD）短暫生理現象。故而面對危機且抗壓性不足的當事人，就會有這些生理不適應的短暫現象。

⑥ 恐懼是危機處置最大的殺手

個人危機、企業危機及國家危機處置最大的殺手，就是恐懼。恐懼指當事人因害怕而猶疑，導致決策品質大幅降低而無力面對考驗。害怕是一種心障，有人怕死，也有人怕失去財富、愛情與親情，更有人怕失去權勢；最糟的是魔由心生，面對危機時不知道究竟在怕些什麼？當事人只要有自信、有信心、有信仰，就能克制恐懼、臨危不亂、冷靜思考。另外，善用對手臨陣恐懼的心魔，透過心戰方式大可嚇阻對手；史書記載項羽面對的「四面楚歌」、諸葛亮使出「空城計」，就是恐懼效應克敵的典範。

⑦ 危機有時程上的急迫性

個人危機、企業危機與國家危機一旦爆發，在應急處置時程上，有相當程度的急迫性。海難、空難、山難的搶救，有所謂「黃金72小時」搜救時程上的緊迫性；冬天的海難及空難墜海者若發生在北臺

灣外海，搶救的時程只有不到 30 分鐘，否則落海人員會因浸泡在冰冷的海水中迅速失溫而致死。至於猝然突發的個人危機，應急處置的時程更是以分秒計算定生死，如身陷「八仙樂園塵爆」事件火場要奪路逃生，毫秒之差即有可能灼傷葬身。

⑧ 危機非得處置，不能迴避

個人危機、企業危機與國家危機的終站完全雷同：個人、企業及國家終將發生災難性的後果。為了遏止惡夢成真，在危機爆發時非得處置，絕不能視若無睹或瞠目以對，更不能相應不理，否則惡夢必成真。迴避危機並不能躲開危機，迴避危機即便是熬過了危機爆發期，放棄了應急處置，到頭來依然要承擔災難性的後果。那又為什麼不奮力一搏？

⑨ 面對危機的選項十分有限

個人危機、企業危機與國家危機一旦爆發，處置危機的選項十分有限，通常侷限在兩難間，如接受或拒絕、承認或否認、和或戰。在急迫的情境下，選項甚至僅剩一種，完全沒選擇，如遭遇先姦後殺危機時，有機會逃脫當然立即逃離；或船艦即將沉沒時，需當機立斷找到救生衣穿上躍入海中求生。甚至在某些情境下連選項都沒有，如搭上死亡班機（遇上空中解體）。

⑩ 危機必定是轉捩點，但不必然也是轉機

個人危機、企業危機與國家危機，一旦爆發必定是個人、企業與國家的轉捩點。生死交關的危機，意即個人是否能存活、企業是否能存續、國家是否能存在，都說明了危機處置失敗災難性的後果，直指個人生命的終結、企業倒閉、國家滅亡。即使熬過了難關恐怕只剩奄奄一息的生命，被掏空的企業或斷垣殘壁的國家，哪來轉機？危機必

定是人生的轉捩點，對個人而言必定是由好轉壞，或由旺轉衰；危機
也是轉機的先決條件，是指個人經危機的沉重打擊後能痛改前非、振
作圖強且與客觀環境相應搭配，否則危機不必然也是轉機 [註 4]。一
般所謂的「化危機為轉機」或「既是危機又是轉機」，旨在提醒讀者
注意問題的風險；規避不當就形成危機，保守面對就是轉機。因此，
危機與轉機是各自獨立、難以共存的現象，具有邏輯上互不隸屬的二
元性。

第 3 單元　無處不在、無所不在的危機

以下十種成人，本身就是危機的亂源

- ✓ 好勇鬥狠莽夫型，
- ✓ 自暴自棄頹廢型，
- ✓ 醉生夢死享樂型，
- ✓ 耍寶逞能愛現型，
- ✓ 碰啥壞啥毀滅型，
- ✓ 丟三掉四麻煩型，
- ✓ 追逐時尚敗金型，
- ✓ 貪生怕死懦夫型，
- ✓ 自以為是俠客型，
- ✓ 拈花惹草劈腿型。

　　上述十種類型的成年人，其偏執的個性與認知，會輕易地造成個人危機，也致使周邊的親友陷入危機。他們共同的特色是情緒管理的低能兒，遇到挫折抗壓性低微，遇到誘惑抗拒力潰散，遇到挑戰則情緒易失控。另外，心智未成熟的嬰兒、幼童、少年等非成年人，以及在生理上需人照護的老人、久病病患及重度殘障者，亦極易陷自身於險境中。

　　情緒管理不良的人，情緒商數（Emotional Quotient, EQ）也低；EQ 是顯示個人情緒穩定度的指標，為心理年齡與實際年齡的比值，早熟的少年 EQ 高，老頑童的 EQ 低，個人危機高危險群的 EQ 則特別低。除了不能自立的孩童、需人照顧的老者與病患，低 EQ 的個人危機高危險群共有的特徵，是不能隨遇而安、妒嫉成性、缺乏創新、胡搞瞎搞、隱藏挫折，甚至是生活上的低能兒。

　　事實上，這類高危險群的當事人，老是身陷危機的案例在媒體上天天都有報導：暴走族飆車釀禍非死即傷、境外旅遊護照遺失返國無門、飛機上充電致使座艙失火、長期失業跳樓自殺、揮金如土導致破產、逞強潛泳力竭溺斃、盲目衝突成代罪羔羊、開瓦斯炒菜也會燒掉房子、嬰兒獨處吞下電池、獨居老人病死宅內多日後慘遭飢餓家犬啃

屍⋯⋯。

即便你我未被歸類為這些高危險群，個人危機依舊無處不在、無所不在。「墨菲定律」的洋兵法，驗證了「任何可能出錯的，到頭來一定出現致命的錯」之痛苦經驗。「墨菲定律」的原文如下 [註5]：

If there are two or more ways to do something, and one of those ways can result in a catastrophe, then someone will do it !

「墨菲定律」的由來，是美國空軍上尉 Edward A. Murphy, Jr. 在西元 1947 年噴射戰鬥機問世時，監督麥道飛機公司所作的飛行員重力加速測試 （計畫代號 USAF-MX981）；結果，飛行員體外的十六個加速儀全裝反了，測試數據不但錯得離譜，加速儀也報銷掉，研發計畫的經費也浪費了大半。「碰啥壞啥毀滅型」的墨菲上尉在事後上呈檢討報告中，打列了如上的原文作結論，也就成為赫赫有名、反諷式的「墨菲定律」。事實上，除了墨菲上尉這類「碰啥壞啥毀滅型」的個人危機製造者外，這種「天兵」在美軍軍中隨處可見。我國海軍就曾因這類天兵搞怪，讓我海軍平白撿回一艘頂級的美援軍艦。

民國 54 年，我海軍派遣官兵赴美國加州接收軍援的大同軍艦。這艘遠洋拖艦在美國海軍使用年限尚不及半就早早報廢，拖往艦艇墳場停泊；除役的理由是柴油主機一加俥就過燙，不能以戰速航行執行任務。五年後撥交我接艦官兵，出海試俥發現同樣的老毛病，顯然美方想左手免費贈予我海軍一艘跛腳報廢艦，右手向我政府索高價更換主機。經我官兵日以繼夜拆開機艙主機，逐吋檢查，赫然發現在柴油主機冷卻管路上，不知哪一年美國天兵自作聰明，擅自在管線接頭上私下加裝一個錐形銅質濾網，定期清洗保持冷卻水進出主機的純淨。這位「自以為是俠客型」的天兵調差離艦，也忘了交代袍澤要定期清洗濾網，久而久之濾網遭冷卻水雜質堵塞，致使冷卻水打不進主機，主機過熱當然也就不能升速，僅能以一檔緩慢航行。我官兵將此「毒瘤」抽掉，出海試俥主機出力正常，輕鬆地加俥至戰速！

美軍顧問除了向我官兵豎起拇指表達敬佩外，只能自嘆不如。美軍「自以為是俠客型」的水兵，是天生的危機製造者，平白讓美軍報廢一艘頂級軍艦且贈予我國。大同軍艦返國成軍後，平順的服勤長達

三十五年，最終以 56 歲全壽期艦齡在我海軍功成身退 [註 6]。

　　不是只有美軍官兵才會製造個人危機。事實上，不管你心智有多成熟，處事有多周全，待人有多圓融，總會碰上個人危機，只是危機發生的次數，沒有像高危險群那麼頻繁。只要回顧自己的人生經歷，在記憶中是否曾發生過「迫在眉睫」、「急中生智」、「狗急跳牆」的經驗或體認？或是面對個人危機的心理、生理反應情境？

　　為什麼人生歷程中，個人危機總是無處不在、無所不在？因為人生歷程全局中就是一連串滾動式的變局，有變局正在滾動變化，就可能有危機；「人生在世，不如意的事十有八九」，說明了人生時時面對變數，人生刻刻有危機。「人無遠慮，必有近憂」，也說明了危機時時刻刻都環繞在個人周邊。

　　對當事人而言，自認沒有危機，就是最大的危機。

第4單元　預防勝於處置、處置重於迴避

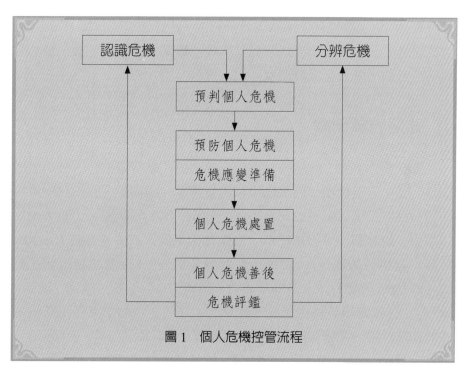

圖1　個人危機控管流程

（作者製圖）

　　個人危機既然無處不在、無所不在，且一旦爆發又處置失當，必然帶給當事人災難性的後果。因此，個人危機非得控管。控管的流程，包括認識個人危機、分辨個人危機，以便預判危機；根據危機的預判，據以實施預防措施及加強應變準備；一旦危機無可避免終於爆發，則靠著預防措施及應變準備去面對危機、處置危機；如果處置失敗，就得在災難形成後妥為善後，並將檢討評鑑的結論回饋給危機辨識，防止一錯再錯，如圖1所列。圖內每個框格，都是本書的重點章節。

　　個人危機的預判、預防、處置與善後四個主要控管流程，也是本書的副標題，可用四句話來描述：「防患於未然、弭禍於無形、制亂於初動、止危於復甦」。若認識個人危機、分辨（辨識）個人危機清

晰，且預判個人危機風險準確，則可做到「防患於未然」。個人危機預防措施周全且應變準備充分完整，則可達致「弭禍於無形」。危機若無法避免，則需在第一時間應急處置，期望能「制亂於初動」。如果處置失敗，災難結局到來時需冷靜面對，做好善後及評鑑，期以「止危於復甦」，防止一錯再錯。從成本效益觀點去看個人危機，預防絕對勝於處置，處置又重於迴避。

① 預防勝於處置

　　每次重大空難，航空公司面臨巨額賠償、航空器損毀、公司股價崩跌、公司名譽受損；而飛勤組員與乘客生命的損失，就不只一家哭而是一路哭！全球航空公司在 1945 至 2015 年間的機毀人亡重大飛安事故中，統計顯示肇因依序為：53% 係因飛勤人員的人為疏失、20% 為航空器機械故障、2% 歸因於航路氣象劇變、8% 屬惡意或無意破壞（如劫機、鳥擊）、6% 則是其他人員疏忽（如航管、維修、地勤、乘客）、1% 歸類於待查證的不明原因 [註 7]。若航空業在平時就著重於預防性措施及應變準備，如加強航管員、氣象測報員、機場保全、安檢官員、公司航站主管、駕駛員、維修員的教育訓練，做到防患於未然，就不必去面對一路哭，甚至航空公司因空難倒閉的窘境。

② 處置重於迴避

　　社會上很多情境，是個人危機也預判、預防了，但危機依然爆發，理由非常簡單，危機爆發除了個人因素外，尚有外部因素，當外部因素無法（或無力）拘束時，危機還是會爆發。一旦爆發，切忌像鴕鳥般把頭埋入沙裡，視而不見、故意迴避危機，這和等死沒兩樣。即便是僅以身免僥倖逃過一劫，理智會警告你下回可沒那麼幸運。故而面對爆發中的危機，千萬別迴避；以負責任、積極的態度處置危機，才是正確的作為。時下很多人遭詐騙集團騙財勒索、匯出贖金錢財，用「破財消災學個教訓」，此自虐式處置就十分不值得，等同於迴避危

機；正確積極的作法是報案並與執法機構配合，緝捕不法分子，以免他們對你及他人繼續犯罪。

　　當事人在瞭解處置個人危機及迴避個人危機所必須付出慘重的代價後，都會認同預防措施的落實及預防慘劇的發生，比什麼都重要。轟動一時的喜劇泰斗犯桃花煞，就是因為既沒做好個人危機預防，也沒處置好個人危機，更選擇了迴避個人危機，才付出傾家蕩產、家破人亡的代價。喜劇泰斗若能做到最起碼的預防措施：回歸正常家庭生活、揚棄拈花惹草惡習，理應不會釀成自縊的慘劇。

注　釋

[註 1]　Dominic Elliot and Denis Smith, ed., *Crisis Management: Theory, Systems, and Practice*, pp. 304 (Routledge, London, February 2004). ISBN 0-41531- 521-2.

[註 2]　Criswell Freeman, *God's Survival Guide: A Handbook for Crisis Times in Your Life*, pp. 192 (Elm Hill Books, LA, June 2004). ISBN 1-404-184-961.

[註 3]　Guy Winch 著，洪慧芳譯，《情緒 OK 繃：日常心理創傷急救方》，頁 272 （商周出版，臺北市，2014 年 7 月）。ISBN 978-986-6032-60-8。

[註 4]　K. T. Elsdon, *Crisis of Opportunity*, pp. 155 (National Institute of Adult Continuing Education, Washington D. (C., November 2003). ISBN 1-86201-203-2.

[註 5]　Arthur Bloch, *Murphy's Law*, pp. 256 (Perigee Books, Chicago, November 2003). ISBN 0-39952-930-6.

[註 6]　鍾堅，《驚濤駭浪中戰備航行：海軍艦艇誌》，頁 708（麥田出版，臺北市，2003 年 7 月）。ISBN 986-7691-32-6。

[註 7]　何立己，《黑盒子的秘密：航空安全人為因素剖析》，頁 196 （世界民航雜誌出版，臺北市，1998 年 3 月）。ISBN 957- 98935-2-7。

第 貳 章　個人危機概念

兵聖孫武《孫子兵法》軍爭篇
故用兵之法，高陵勿向，背丘勿逆， 佯兵勿從，銳卒勿取，餌兵勿食， 歸師勿遏，圍師必闕，窮寇勿迫。
個人危機新注《孫子兵法》
人與人衝突的危機控管法則是：對手占相對優勢的制高點時，避免向上仰攻以防失去動力，對手夾萬鈞之勢自高處衝下需避免正面交鋒，對手佯裝退卻則避免緊追中伏，銳氣沖天的對手則要避免迎擊，對手設陷阱需避免遭誘殺，撤退中的對手千萬別圍堵，以免遭瘋狂反撲，對手走頭無路時要放他一馬，以免其背水一戰，追擊對手要適可而止，防止反噬。

人生面對的每一次危機，就如同惡性腫瘤的癌症一般，從潛伏增生，到擴散爆發，終至治療善後；再輪迴到下一次危機，開始又擔心癌細胞是否會死灰復燃，悄然轉移蔓延？個人危機就如同當事人健康，個人若做好危機預防，意即做好飲食、運動、抗壓準備，癌細胞縱使潛藏於體內，亦不會增生、擴散，癌症理應不會上身；個人危機也是一樣，沒做好危機控管任其爆發，個人危機必上身。在多元化的現代社會裡普遍性的個人危機主要潛因，就是當事人之人際關係的冷漠與疏離，人人都必須面對；憂鬱症與自我傷害，不再是零星的個案，而是當代社會中個人危機的通案。

第 5 單元　個人危機三階段：潛伏、爆發、善後

表 1　個人危機三階段		
潛伏期	✔　流程：認識、分辨、預判、預防、準備 ✔　目標：防患於未然，弭禍於無形 ✔　期程非常長，以年、月計	前期
爆發期	✔　流程：應變、處置 ✔　目標：制亂於初動 ✔　期程非常短，至少以分、秒計	中期
善後期	✔　流程：善後、評鑑 ✔　目標：止危於復甦 ✔　期程長短不一，以時、日、月計	後期

（作者製表）

　　如上列表 1，個人危機從次序上可概分為前、中、後三個時期：前期為潛伏期、中期是爆發期、後期是善後期。第 4 單元圖 1 所框列的個人危機控管流程，其中認識、分辨、預判、預防及準備，在時序上均需於個人危機潛伏期內完成。而面對個人危機的準備，不論是否周全，危機爆發期間需立即應變、處置。而控管流程中的善後與評鑑，是危機善後期的主要作為。個人危機預判的目標：「防患於未然」及預防的目標：「弭禍於無形」，都是潛伏期的綜合目標，旨在防止個人危機進入爆發期。個人危機處置的目標：「制亂於初動」，也是爆發期的終極目標，旨在防止個人危機衍生災難性的後果，防止善後期的出現。個人危機善後的目標：「止危於復甦」，也是善後期的期望目標，旨在撫平創傷，重新出發。

　　個人危機的三個階段長短相異，其中潛伏期非常長，通常需年、月作為計時單位；爆發期則非常短促，短到以分秒計；善後期則長短

不一，以時、日、月計算。醫學統計指出，國人平均約每三位病患就有一人罹患癌症致死；與惡性腫瘤細胞奮戰，從癌細胞在體內潛伏、增生、擴散、轉移，危機潛伏期可以長達數十年，然而臨終遭癌魔折騰致死的爆發期短促，若未及早診斷、治療，癌症爆發通常在數日內就奪取人命。喪家的善後、評鑑、反思，通常都要好幾個月才能走出哀痛。

個人危機預防勝於處置，易言之，未來可能爆發的危機，在第一階段前期的潛伏期最好能達致「防患於未然、弭禍於無形」。既然未來的危機最好在今日就先行預防，未來的危機當屬「未來學」（Futurology）領域的範疇。所謂「未來學」，係指「依據現有趨勢去前瞻未來，作有系統、有組織預判的知識」[註8]。有系統、有組織的知識，就是科學，如管理科學或行為科學；沒有系統、沒有組織的知識，不論稱謂，都違反了科學的邏輯原理與法則。由此觀之：(1)未來學屬科學的一環；(2)未來學的架構是植基於既有量化、質化的趨勢，數據會說話；(3)未來學不但要「鑑古知今」反覆作驗證，還要據以作有系統、有組織的預判；(4)未來學的基礎是在過去的趨勢，但卻置重點於將來。

個人危機控管是科學，也是哲學，但絕非玄學；個人危機在潛伏期的有效控管，都是針對未來可能爆發的危機，當事人對危機的任何臆測、空想、期許、願景、冥思，都不符合未來學的科學精神。面對個人危機，必須用嚴謹的科學方法去面對，才能做好有效控管，絕對不能求神問卜或一廂情願地盲目相信「明天會更好」。

個人危機控管需有未來學的概念，意即個人危機控管：(1)屬科學的一環；(2)係植基於既有量化、質化的趨勢；(3)依據這些量化、質化的數據去做有系統、有組織的預判；(4)過往的經驗是基礎，但須將重點置於未來即將發生的危機。

「十次車禍九次快」，就是防止當事人肇禍衍生個人危機的過往量化、質化趨勢所提示的警語，符合了未來學的科學精神。而「祖宗積德，故車禍從不上身」，這種個人危機概念只是期許，既不符合未來學的科學精神，遲早還是會釀成車禍慘劇。

第6單元　個人危機眞的會上身？

個人危機的迷思

- ✓ 反正船到橋頭自然直（盲目冒進）
- ✓ 科技萬能，危機當可轉危爲安（迷信科技）
- ✓ 只要我喜歡，管它危險不危險（作賤自己）
- ✓ 具危機意識會整天疑神疑鬼，妨礙進步（消極頹廢）
- ✓ 祖宗積德，這種凶險怎麼可能發生在我身上？（誤判情勢）
- ✓ 唉，逆來順受，及時行樂等死也罷！（自暴自棄）
- ✓ 危機是隨機、亂象、沒譜的，防不勝防（不戰而降）

　　常聽年輕朋友說：「我長得很抱歉，也很安全，所以先姦後殺的慘劇，根本不可能發生在我身上。」隔壁的九旬阿公斬釘截鐵地訓斥：「我一輩子連螞蟻都不願踩死，從不殺生，老天一定會保佑，舟車飛機旅行要買意外險？詛咒我呀？」個人危機真的會上身？其實，不但心智尚未成熟的孩童有危機 [註 9]，就算成年也成熟了，人過中年也有危機 [註 10]，退休的長者當然更有危機 [註 11]。上述的各種迷思，都是一廂情願的鴕鳥心態，若執著這些迷思，在猝然突變的個人危機爆發時，「為什麼是我？」的悲情嗆聲根本於事無補。

　　面對個人危機，態度決定一切。以健康的態度看待個人危機，是「沒事別找事，有事別怕事」：

❶ 沒事別找事

　　具有危機意識固然很好，但也用不著杯弓蛇影弄得草木皆兵。盲目冒進的船到橋頭自然直心態、迷信科技萬能的苟且依賴心、作賤自

己的陷身險境，與消極頹廢的疑神疑鬼，都是「沒事找事」形同引誘危機上身的不健康態度。

② 有事別怕事

　　個人危機爆發了，千萬別宿命迴避，得不顧一切奮力一搏。不信其有的偏安心態、自暴自棄的逆來順受、做了還是白做的失敗論調、逢戰即潰的投降主義，都是「有事怕事」迴避危機，讓災難性後果成真十分病態的迷思。

　　個人危機不會上身這種迷思，最常發生在富二代權貴子弟身上；「富不過三代」的權貴後代，總是以家道中落悲劇收場，就是因為個人危機控管不良所致。這些權貴子弟含著金湯匙成長，凡事有家僕及隨員伺候，養成不食人間煙火、不知百姓疾苦的心態；從未面對挫折的他們，一旦危機爆發，多半只能坐以待斃。權貴子弟對個人危機的迷思，大致上可彙整為以下五種迷思：
　　⑴家族權勢沖天，當可免除危機；
　　⑵家僕層層防護，危機無從滲入；
　　⑶身處社會的頂層，危機無法將魔爪向上延伸；
　　⑷縱使危機爆發，下屬當即以身作盾、捨命對付；
　　⑸危機無從迴避時，必有貴人、國師相挺。
　　這五種迷思，使得權貴之後在縱情享受榮華富貴之餘，忘了還有各種各類的個人危機環伺在側，都要當事人自己去面對、處置。「忘戰必危」，多半是權貴後代碰到個人危機不堪一擊的肇因。一般升斗小民要學習個人危機控管，權貴子弟更要以謙卑的心境去學習個人危機控管。
　　豪門世家揮金如土，時尚名牌任君選；富二代要唸書進修，全球名校任他挑，但不保證權貴子弟能免於個人危機災難性的衝擊。豪門世家到底有多少？根據行政院主計總處在民國105年出版的「國富統計」調查：民國103年全國的資產有187兆元，其中近六成為家戶資

產；平均每戶的淨資產約一千餘萬元，每戶淨資產的半數為不動產淨值 [註 12]。你家的淨資產或多或少與上揭「國富統計」數據相當，但你想也知道，隱藏在統計數據內的豪門世家也很多，拉抬了家戶淨資產均值。依照「富比士」（Forbes）的財富普查，我國在民國 98 年資產超過 1 億元的權貴家族，約有 8.7 萬戶；他們立即可動支的現金就高達 8 兆元，其中資產超過 2 千億元富可敵國的豪門有 4 戶，資產在 600 至 2 千億元間的巨賈有 21 戶。權貴家族隱藏性的海外資產，依照「巴拿馬文件」的披露，我國近兩萬個自然人與法人客戶，錢藏在海外避稅，更遠遠超過 8 兆元 [註 13]。

　　豪門世家終究只占總人口的 1% 不到，絕大部分的你我升斗小民，不但要在海海人生中奮發圖強，所面對的個人風險，當然比權貴家族多很多，如三餐不繼、學業中輟、久病不癒；若個人危機控管不良，下場和「富可敵國」的權貴豪門其實沒兩樣。

　　舉兩個例子，看看你我平凡人在海海人生面臨的挑戰與挫折有多大，其一是學業的升學窄門，其二是事業的所得支配力。

　　由於近年來大學數目急速擴張，招生名額過度膨脹，想考不上大學都非常難。惟大學教育品質卻愈來愈差，「大學高中化」致使高等就業的門檻，抬升到碩士學歷。依據教育部統計資料顯示，民國 103 年全國大專日夜間部畢業，獲學士學位有 228,762 人、碩士學位有 59.991 人、博士學位有 4,048 人；易言之，每 60 位大學畢業生僅 4 位入研究所碩士班，其中僅 1 位入研究所博士班，雖然不必然每位畢業生都想繼續留在國內唸更高的學位，但想擠進一流大學熱門系所也得好好應試，力爭上游的確不容易。以 105 學年度個人申請入大學為例，某辦學績效卓著的私立大學熱門科系招生 60 位，竟有 1,844 名應屆畢業高中生想擠入該系！

　　另一個例子是就學之後的就業。依據民間的統計資料顯示，在 22K 月所得陰霾下，民國 100 年報繳「應稅所得」全國最高的 1% 納稅人，平均的年所得高達 1,017 萬元，其餘 99% 你我平凡納稅人，平均的年所得僅有 78 萬元。社會頂層 1% 的人，可支配所得是平凡人的 13 倍！這些數據，都見證了海海人生的競爭與成敗起伏 [註 14]。

　　絕大多數的國民終其一生都圓不了高學歷、高所得、高階主管「三高」的夢，因此，人生總是洩氣、失意多過志得意滿，人生每個階段都會遇上個人危機。就算圓了高學歷、高所得，也晉升到高階主管的人生目標，個人危機依然緊隨在側、股市的二八比例（指 80% 的投資者，資金到頭來都被吸走，往 20% 的少數炒股大戶彙集），不也說明了個人危機隨時會上身嗎？

　　「有夢最美、希望相隨」固然很好，但有夢有希望時，想圓個夢、希望成真，當然就會有憂鬱，天天擔心到頭來夢碎失望。

第 7 單元　個人危機徵兆：憂鬱症

表 2　個人憂鬱症評量表	
心理感受	生理反應
😫 覺得心情很差	😫 掉淚哭泣
😫 覺得煩躁	😫 作惡夢嚇到醒
😫 覺得壓力很大	😫 想睡又睡不著
😫 覺得全身很不舒服	😫 厭食沒胃口
😫 覺得一無是處	😫 很累、很虛弱
😫 覺得喪失自信心	😫 記憶力變差
😫 覺得凡事都會變壞	😫 無法專心做好一件事
😫 覺得失去人生樂趣	😫 做事效率變很差
😫 覺得腦袋一片空白	😫 脾氣變壞、常與人衝突
😫 覺得死掉算了	😫 頭痛、胸悶、心悸、腹瀉

每項評量都是配 5 分：極重度（天天都有）5 分、重度（隔天有）4 分、中度（每週兩次）3 分、輕度（每週一次）2 分、極輕微（每個月一次）1 分、無（從未發生）0 分。總分為 0（無憂鬱症）至 100（重度憂鬱症）分。

（作者製表）

　　依衛福部統計資料顯示，自我傷害者十有七八都患有憂鬱症。憂鬱症患者的個人危機控管不良，很容易走向偏鋒的自我傷害！因此，認識憂鬱症，治療憂鬱症，就成為個人危機控管的必修課程。

　　憂鬱症與腦神經傳導失調有密切關係，表 2「個人憂鬱症評量表」左邊框列出的十項評量，指的是腦神經直接反射的「感受」，如感覺壓力非常巨大；右邊框列出的十項評量，指的是腦神經刺激下的生理反應，如壓力大到整夜失眠睡不好。按照表 2 的評量配分，71~100

分是重度憂鬱症患者、41~70 分是中度憂鬱症患者、11~40 分有輕度憂鬱症狀、10 分以下恭喜您，是人人羨慕的健康快樂族。這個評量表是修正自常用的「貝氏憂鬱量表」與「柯氏憂鬱量表」，以符合快速滾動資訊時代複雜多元的衝擊，特別針對群體中的個體（如部隊的官兵、公司的員工）所量身訂製的。

根據「臺灣精神醫學學會」的推估，約有 340 萬國民終其一生曾罹患憂鬱症，其中只有 70 萬患者（多為重度憂鬱症）有就醫紀錄。憂鬱症患者的自殺已遂率，是一般無憂鬱症但自殺已遂率的 30 倍，憂鬱症患者終其一生高達八成以上會有自我傷害行為，其中一成五自殺已遂。雖然就性別論，女性憂鬱症患者較男性患者多出 1 倍，但男性憂鬱症患者自殺已遂者，較女性患者多出 1 倍，剛好反轉過來。

國內憂鬱症患者普遍存在「高盛行率、低就診率、低診出率、低回診率」一高三低的困擾，導致問題日益嚴重；憂鬱症已成為本世紀我國國民個人危機控管的「甲級戰犯」，憂鬱又自我傷害，也變成個人危機控管的「頭號敵人」。國立成功大學醫學中心行為醫學研究所調查發現：全國大學生患有重度憂鬱症者高達 15.7%（與臺灣精神醫學學會的推估全國患者比例相當），患有中度憂鬱症的大學生占42.5%，說明憂鬱症的高盛行率，在青春、陽光的校園內一點都不假，非常驚人！

值得注意的是憂鬱症「一高三低」的三低：低就診率、低診出率及低回診率。根據「臺灣家庭醫學學會」調查結果，憂鬱症的患者就醫求診的不到 3%，就算求診，高達 75% 的患者掛號時，根本沒有掛「精神科」；而在其他醫學專科門診掛號，被正確診斷為憂鬱症的只有 20%。憂鬱症患者只看診一次就斷了線的多達 70%，願意回診接受治療的不到 20%。患者的低就診率與低回診率，不能一昧責怪人際關係本來就很差的病患，醫師也要檢討自己的低診出率及改善醫病（指醫師與病患）關係，才能及時救助憂鬱症患者。

憂鬱症這個現代社會的文明病不是絕症，但認識及認知若有偏差，極可能形成個人危機，甚至走向自我傷害。自覺人生黯淡、前途無望、生活變調、意志消沉時，應立即依照評量表檢視自己的憂鬱症

有多嚴重，哪怕只是輕度憂鬱症狀，都要及早就診，記得要掛對號，到精神科（不是神經科，在國外就學、就業，到醫院要看的專科是Psychiatry）找專科醫師求診諮商，千萬別拖延病情，更別以為只是單純的情緒困擾現象，或自以為憂鬱症會自然痊癒。

第 8 單元　個人危機極端：自我傷害

自我傷害的前期徵兆

✓ 語言上的線索
   對話言談中表現出想死的念頭，
   臉書記述灰色消沉、黑色死亡的詞句，
   日記或紙上記述或告白生命即將終結。

✓ 情緒上的線索
   沉默寡言、孤獨感、冷漠、自卑、退縮，
   絕望、敵視、焦慮、愧疚、矛盾、神經質，
   感情混亂、人格特質解構、人際關係開始崩解。

✓ 行為上的線索
   突然增加酒精耗量及濫用禁藥，
   突然且明顯的行為改變，
   放棄或處置掉個人的財物。

✓ 環境上的線索
   家庭發生非常壞的大變動，
   主動與至親好友切斷聯繫，
   對環境巨變產生適應不良狀況。

✓ 生活上的線索
   知悉自己罹患重症或絕症，
   憤世嫉俗，對社會極度不滿，
   從社交圈中逐漸淡出。

　　自我傷害是個人危機控管最不可取的極端：把自己的生命給終結掉，也就是主動把個人危機弄成全輸的結局。自我傷害在「國際死因分類第十版」（International Classification of Diseases, 10th ICD Revision） 編碼為 X60~X84，歸類有二十種；換言之，自殺花樣因求死心切還真有二十種，包括最傳統的由下而上的上吊自縊，以及由上而下的跳樓自盡。自我傷害視行為差異概分成四類：㈠自殺已遂：即當事人成功地結束掉自己的生命；㈡自殺未遂：以自願的心態，嘗試結束自己的生命但沒有達成；㈢自殘：以自願的心態，殘害自己的軀體或傷害自己的感覺，但不確定是否該終結自己的生命、或真的想死；㈣自殺攻擊：故意殘害別人或刻意致人於死，也同時讓自己在攻擊過程中刻意死亡。第四類在戰場兩軍對陣中經常發生，「視死如歸」的軍人武德會導致自殺攻擊，如二次大戰末期日軍的神風特攻作戰 [註 15]。

　　自我傷害是個人危機控管澈底失敗的反面教材，要遏止自我傷害這股歪風，得做好個人危機預防。國內自我傷害最嚴重的等級：自殺已遂，到底有多嚴重？圖 2 顯示衛福部公布近年（民國 84~103 年）自我傷害致死的統計數據。短短二十年間，自我傷害致死（含自殺已遂、自殘致死及自殺攻擊）人數從民國 84 年全年的 1,618 人倍增至民國 104 年的 3,675 人，同一期間全國的總人口只增加了一成（民國 84 年的 2,118 萬人，遞增到民國 104 年的 2,351 萬人），顯然國人自殺率從民國 84 年的每一萬位國民有 0.8 人自殺，激增到民國 104 年的 1.6 人。為什麼萬中有一？國人近年來，特別是最近這五年，活得真憂鬱呀！為了遏止自我傷害的歪風，「臺灣自殺防治學會」已成立「自殺防治中心」，誓言將澆熄國人的自殺潮，降低自殺率。

　　自我傷害不是大人才有的專屬個案行為，男女老少通通都有。圖 3 顯示民國 92 年及 103 年全年自我傷害致死的性別與年齡分布，其中自我傷害致死的男性較女性多出 1 倍，究其原因，是男性「有淚不輕彈」，多採激烈手段、尋死意志堅決，來不及搶救所致。兒少（14 歲以下）自殺的原因多為親子關係不睦所致，青少年（15~24 歲）自殺原因以升學壓力、愛情不順為主，青壯年（25~64 歲）自殺原因多

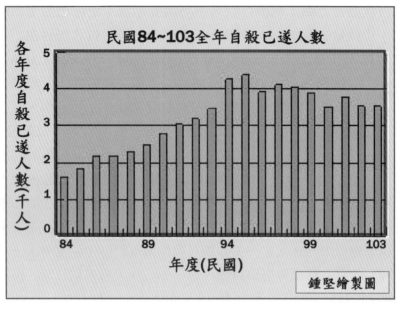

圖 2　我國近年各年度自我傷害致死人數

（統計數據摘自 http://www.mohw.gov.tw）

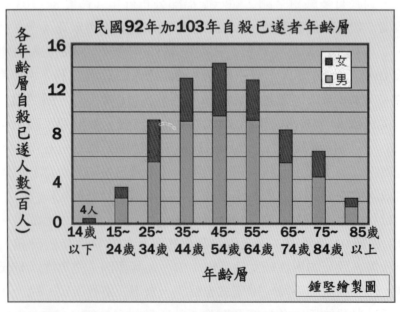

圖 3　民國 92 年加 103 年自我傷害致死性別、年齡分布

（統計數據摘自 http://www.mohw.gov.tw）

表 3　民國 102 年各級學校學生自殺、自傷人數
（統計數據摘自 http://www.edu.tw）

學　校	在校學生人數	自殺已遂	未遂受傷
大專日、夜間部	1,376,159 人	32 人	143 人
高中、職及補校	867,948 人	14 人	268 人
國中及補校	838,756 人	6 人	253 人
國小及補校	1,755,639 人	3 人	62 人
合計	4,838,502 人	55 人	726 人

（作者製表）

半因職場壓力、感情破碎及家庭失和，老年人（超過 65 歲）則因自我價值解構及久病不癒與病痛難耐而步向自殺。

　　較為麻煩的是自我傷害中的「自殺未遂」，自殺未遂的結局又分為未傷及已傷兩種結果；自殺已遂、未遂受傷及未遂未傷的比例大約為 2：3：15，有八成自殺未遂者終其一生會再度企圖自我傷害，其中的兩成終至自殺已遂。依照這個比例，民國 103 年自我傷害致死有 3,546 人，則當年自殺未遂者就多達 3.2 萬人。

　　校園自殺已經蔚為風潮。教育部「學務及特教司」公布了民國 102 年全年各級學校學生自殺、自傷人數統計資料，整理後列於表 3。青少年兒童的自我傷害致死率（每萬名學生有 0.11 人），雖然只有全國均值的 7.5%，但青少年的愁更愁，不得不讓教育部在校園內對自我傷害啟動三級預防措施的「自我傷害防治方案」，從預防自我傷害宣導、篩選個案諮商到特定對象強勢輔導，仍然阻止不了同學傾向自我傷害、一了百了的偏執心態。根據國立成功大學醫學中心的調查顯示，超過一成的大學生在過去一年內曾動過自殺的念頭！按照表 3 等比放大調查樣本，表示近 14 萬大學生十分想不開，這些「問題學生」傾向自殺的原因，半數是人際關係有困擾（特別是與異性朋友的交往受挫），半數是對自己的人生感到失望與不滿。

　　自我傷害的行為，不是急性歷程觸發，就是慢性歷程最終引爆 [註16]。急性歷程指生活猝然發生巨變，不但心生壓力、情緒失控，

且自覺無力面對變局，遂以死明志或以死規避變局。不過，自殺的主流，大都經過慢性歷程；慢性歷程專指憂鬱的累積、生活上負面經驗的日積月累、家庭、社會、就學、就業環境的適應力短缺、自我成長與生理、心理偏差長期惡劣下，最後在重度憂鬱的困擾中自殺。不論是急性或慢性歷程，自殺已遂者都有如下的特性：適應力差、解決問題能力不足、情緒商數低、人格不成熟、對自我傷害認同、對死亡肯定。

　　站在旁邊審視，許多有自我傷害行為傾向的人都以為死了就「眼不見為淨」，一了百了解決了當下的困局。殊不知自殺已遂的死者，非但沒解決本身的困局，反而製造出更多的問題。一個人自殺已遂，至少造成 5 到 8 位至親好友終身的痛苦與衝擊；自殺已遂者身後所留下來的爛攤子，就是這些親友含悲替他收拾，甚至還有親友悔恨沒及時阻止他尋短，連自己也跟著自盡。自殺前再多想想，這樣拖累自己最愛的至親好友，值得嗎？

　　朋友們若心中有打不開的死結，不妨找有耐心的專家傾述，請撥打「要救救我」1995 專線，社團法人「國線生命線台灣總會」定會協助你「千里一線牽，幫助在耳邊」走出陰霾！

注　釋

[註8]　Alan E. Thompson, *Understanding Futurology: An Introduction to Futures Study*, pp. 96 (David & Charles, NYC, 1979). ISBN 0-71537-761-2.

[註9]　Robert Coles, *Children of Crisis*, pp. 736 (Back Bay Books, LA, August 2003). ISBN 0-31615-102-5.

[註10]　Lia Macko and Kerry Robin, *Midlife Crisis at 30s*, pp. 304 (Plurne, Chicago, February 2005). ISBN 0- 45228-606-9.

[註11]　David Hoefferle, *The Real Time Bomb: The Aging of America and the Retirement Crisis*, pp. 252 (Metropolitan Books, LA, January 2005). ISBN 0- 97647-390-9.

[註12]　行政院主計總處編，《民國103年國富統計年報報告》，頁65（行政院主計總處出版，臺北市，2016年4月）。ISSN 2070-6863。

[註13]　陳雅琴，「由胡潤財富報告探討兩岸富豪財富分配與拓銷商機」，貿協第100-031期報告，頁47（外貿協會市場研究處出版，臺北市，2011年10月）。

[註14]　張翔一、吳挺鋒、熊毅晰，「貧富差距創新高，全球拼稅改，1%比99%的戰爭」，《天下雜誌》第549期，頁70~79（臺北市，2014年6月11日刊）

[註15]　鍾堅，《臺灣航空決戰》，頁386（麥田出版，臺北市，1996年4月）。ISBN 957-708-368-4。

[註16]　Emile Durkheim, John A. Spaulding, and George Simpson, *Suicide*, pp. 416 (Free Press, Chicago, February 1997). ISBN 0-68483-632-7.

第 參 章　個人危機分類

> ### 兵聖孫武《孫子兵法》地形篇
>
> *知天知地，勝乃可全。*
>
> ### 個人危機新注《孫子兵法》
>
> 對個人危機的分類充分瞭解，面對危機必可防患於未然、弭禍於無形、制亂於初動、止危於復甦，贏得全般勝利。

個人危機係以當事人為主體所面臨災難性後果的挑戰，個人危機可分成學習上的危機、財務上的危機、自身健康的危機、感情上的危機及突發事故的危機五類。每一類的危機都有其特殊的危安潛因，要解除個人危機非得找出核心潛因，才能「對症下藥」，否則永遠抓不到重點去有效執行危機控管。個人危機類別中最棘手的是「防不勝防」的突發事故，它發生得快、結束也快，一定要做好應急處置準備，方能化險為夷。另外，企業危機管理與個人危機控管，雖然都是危機，也都涉及人，但終究企業危機的控管不能直接應用於面對個人危機。

第 9 單元　個人面臨的五類危機

危機分類		學習	財務	健康	感情	事故
造成最大衝擊程度	恐懼	高	高	高	高	高
	危安	低	中	高	高	高
	衝突	低	中	低	高	高
	鉅變	中	高	高	高	高
	死亡	低	低	高	中	高

表 4　個人危機分類及造成的衝擊程度

衝擊程度在各類個人危機，概以質化高─中─低標示。

（作者製表）

　　如果人生主軸定位在就學、就業、就醫、就養的生涯歷練過程，則人生對個人而言，耗時費力最多的依然是個人的學習、個人的財務、個人的健康與個人的感情。在第 3 單元已提過，個人危機無處不在、無所不在，因此，個人危機若要歸類，至少應概分為：㈠ 學習；㈡ 財務；㈢ 健康；㈣ 感情四大類。另外，既然個人危機無處不在、無所不在，就得當心「飛來橫禍」，因此，可以把突發「事故」列為個人危機的第五類 [註 17]。最後，性侵害是多元化社會的病態犯罪，已成為受害者另類個人危機，將另闢專章後述。

　　個人危機的分類，以及每一類危機可能造成最大衝擊的結果，列入表 4。每一類的個人危機衍生的衝擊程度，也分為五種：㈠ 造成恐懼；㈡ 危及人身安全、物的安全與事的安全（危安）；㈢ 產生衝突；㈣ 遭逢巨變及 ㈤ 死亡威脅。表中也用質化方法，以高─中─低三分法，表示最大衝擊的程度。

① 個人的學習危機

　　漫長的人生歷程中有很多接受教育與訓練的機會，有些教育與訓練是強制性的，如國民教育與服務單位的內部訓練；有些教育與訓練是被引導去學習的，如應考大專院校受教或到駕訓班受訓應考職業駕照；有的教育與訓練是自發性的，只為興趣而主動去學習，如聆聽大師專題演講及參加潛水訓練。學習的歷程中有沒有危機？肯定有。尤其是青少年時期強制性與引導性的學習，一旦當事人在學習過程中產生學習障礙，且當事人自訂的學習目標無法達成時，就會衍生個人危機。不過，時下盛行「活到老、學到老」的終身學習，純屬自發性的興趣，就算學習有障礙，其實也不會怎麼樣，難以衍生個人危機。但是，心智尚未完全成熟的青少年，一旦碰上學習障礙就身陷個人危機，所造成恐懼程度（害怕上學）非常高，遭逢巨變（被開除）的衝擊效應中等，至於危安（遭教師體罰）、衝突（師生爭執）及死亡（自殺）的衝擊都非常低。

② 個人的財務危機

　　個人生涯中一定歷經過財務無法獨立、財務半獨立及財務完全獨立三種狀態。兒時因為年幼，算是財務上完全不能獨立；半工半讀的莘莘學子，勉強支付了學雜費及生活日支費，算是財務上半獨立；事業有成的企業家，財務上當然完全獨立。不論個人財務狀況為何，都有可能因本身或外部因素喪失既有的財富，如賭博輸到傾家蕩產、家當錢財遭竊、長期失業或投資失敗，而陷入「沒有錢萬萬不能」的窘境。如果是一貧如洗、身無分文，那真是「一毛錢逼死英雄好漢」的個人危機。財務危機所造成的恐懼（躲債主）及巨變（朝不保夕）衝擊都非常高，危安（鋌而走險）及衝突（爭奪利益）的衝擊中等，死亡（財殺）的衝擊倒是十分低。

3　個人的健康危機

　　個人的健康是生、老、病、死歷程中的關鍵因素，有人出生時身體就有缺陷，更多的健康嬰兒卻因家長認知偏差在養育過程中，造就了「黏多醣寶寶」。個人若缺乏正確的常識與知識，成長之後也會把原本健朗的身體給搞垮，晝夜顛倒、作息不正常與暴飲暴食、貪杯酗酒，就是時下社會人士搞壞身體的元凶。一旦健康亮起紅燈，個人危機將如同潮水般湧來：學業、事業無暇全心打拼，無力照顧家庭、尊長，人生將會陷入極大的困境。健康危機對當事人所造成的恐懼（害怕病痛）、危安（久病失業）、遭逢巨變（生活走調）及死亡（病歿）的衝擊程度都非常高，只有衝突（醫療糾紛）的衝擊效應不大。

4　個人的感情危機

　　個人的感情世界概分為親情、愛情及友情三個區塊，親情是親屬間的倫理關係，愛情是伴侶或夫妻間的親密關係，友情是朋友之間的人際關係 [註 18]。人不能離群獨居，因此必須善於經營自己的感情世界，一旦親情湮滅、愛情破碎或友情變質，對當事人言，都是個人危機。個人的感情危機所造成的恐懼（怕對方生氣）、危安（友人出賣）、衝突（兄弟鬩牆）及巨變（夫妻離異）衝擊效應都非常高，且死亡（逆倫慘劇）的衝擊效應也不低。

5　個人的事故危機

　　個人遭遇猝然突變的事故，非常容易對當事人造成猝不及防的危機。一般人總是把事故描述成「意外」，如意外的車禍、意外的山難、意外的「兵變」，似乎把不是意料之內的事故都推諉給「意外」。「天有不測風雲」的成語，常被用作樂天知命的藉口；天有不測風雲，為什麼不去查找精確的氣象預報早做預防？因此，事故本身沒有所謂的意外不意外，預料得到它會發生當然是事故，意料之外居然也發生了

還是事故。個人的事故危機，無論就恐懼（受驚嚇）、危安（愛車撞毀）、衝突（結怨互毆）、巨變（洪澇溺水）、甚至死亡（空難往生）而言，衝擊都非常大。

　　個人危機概分為上述的五大類，但並非意味著一次只會發生一類。「福無雙至，禍不單行」、「落井下石，傷口灑鹽」就是這個道理，「禍不單行」指個人危機是接二連三或同時爆發，「傷口灑鹽」指對手趁人之危突襲。可曾聽過有人接待親友參觀設備受牽連（個人的事故危機）遭停職處分，同時家中違建房舍遭違建舉報拆除（個人的財務危機），另一半又吵著要離婚（個人的感情危機）……這有點類似自體免疫系統功能急速萎縮，各種症狀同時或陸續併發致使病情惡化。當事人面對多重危機同時發生該怎麼辦？人終究不是千手觀音、四面佛，凡夫俗子只能一次好好應付一種危機。因此，面對多重危機一定要挑其中威脅最嚴重者，集中所有資源優先處置。如何篩選、如何處置，下面各章陸續會提到。

第 10 單元　形成危機的潛因

個人危機形成的潛因

潛因一、當事人自己，自己造成個人危機；

潛因二、關係人，關係人造成當事人的危機；

潛因三、事件，事件本身就是禍源，凡涉事者必生危機；

潛因四、實物，關鍵性的實物掌握不當就衍生災難；

潛因五、外力，不可控制的外部因素，陷當事人於險境。

五項潛因各給權重配分，加總後為 100 分，當可分析出個人危機的核心問題；掌握到危機的核心潛因，當事人方可防患於未然。

　　個人危機的每一個案，一定有潛因。舉例來說，成績不好老是考不及格，可能遭退學，屬個人危機；檢討這類學習危機潛因的權重配分如下：當事人自己不夠用功（60）、關係人的異性伴侶讓自己分神（15）、蹺課被點名事件頻繁（15）、教科書實物遺失（5）、車禍住院不能考試的外力（5），加總後為 100 分。經過上述分析，核心潛因是自己不用功（60%），核心問題在自己；讓自己非常用功，至少有 60% 的機會可免除被退學的個人危機。

　　前述的退學危機案例，若要追根究柢，潛因只有一個：當事人自己。除了自己不夠用功外，因關係人的異性伴侶讓自己分神，別怪另一半，要怪就怪自己定力不夠；愛蹺課別怨教授點名，腳是長在自己身上，要怪就怪自己不上課；教科書弄丟了，不怪自己那要怪誰？住院無法到考，當然責怪自己。

　　形成個人危機的潛因，自己非常不稱頭，是唯一的潛因。事實上，絕大部分的潛因都是當事人自己不對。看看下面的社會新聞：常識、

知識差的山友，遇豪雨還順溪而下，山洪暴發死到臨頭不自知（學習危機）、投資體質壞的公司血本無歸導致終身貧困問題多（財務危機）、生活糜爛搞垮身體（健康危機）、人際關係差孤獨無助（感情危機）、愛現的公眾人物遭人綁架勒索撕票（事故危機）。這些轟動社會的新聞，危機潛因幾乎都是當事人自己 [註 19]。

為什麼當事人恆常占個人危機潛因內最大的權重？現代社會中，個人的貪與慾，往往誘使當事人陷身危機而不自知。貪玩不用功、貪睡不上課、貪圖不勞而獲及考試作弊都是個人學習危機的潛因；貪圖本少利多賭性堅強、因貪念而遭假中獎、假退稅詐財，都是個人財務危機的潛因；貪吃吃到撐、貪杯喝到醉茫茫，都是個人健康危機的潛因；「只要我喜歡」放蕩的慾念，貪圖網路聊天正妹的美色，連奧運金牌國手亦慘遭詐財，都是個人感情危機的潛因。能夠控管自己的貪與慾，是防患於未然的入門票。

個人危機的第五類：事故，涉及非常多的外部不可抗力的因素，看似當事人本身不該是危機潛因。例如：搭上死亡列車總不能怪自己、飯店用餐集體中毒錯不在自己、水淹停車場愛車報銷難道不可以責怪老天？再仔細想想：很多事故潛因還是自己，是自己的常識、知識不足，才會自陷重大事故中面對危機。對諸多交通工具先做好肇事風險評比，你就不會選擇搭乘死亡列車。進入飯店先細心觀察裡裡外外的衛生條件，你就會選擇性用餐以減少食物中毒的風險。氣象預報豪雨將至，將愛車移至高處停放，預防措施做好就不會變成泡水車。因此，每天都不斷充實自己的常識與知識，事故危機的潛因，或可免除自己的責任。有關事故的其他潛因，將在下一單元另述。

由於我國已邁向國際化、全球化，國人出國的頻率愈來愈高；短短三十年間，年度出境的國人就增加了 16 倍（民國 71 年全年出境人數為 64 萬人次，民國 101 年達 1,024 萬人次），民國 104 年全年出境的國民，更高達 1,318 萬人次 [註 20]。到國外公訪、探親、觀光、遊學、經商、定居，會不會衍生個人危機？當然會，國外與國內最大的不同，是國情非常不一樣，且國人的根在臺灣，不會根留外國。個人危機的前四類（學習、財務、健康、感情）既然核心潛因是自己，

表 5　導致個人危機的國家亂象指標

政治亂象指標	社會亂象指標	經濟亂象指標
高壓統治	倫理崩解	民生困苦
朝野對立	治安敗壞	災變連年
貪腐無能	跨國犯罪	經濟蕭條
內戰頻仍	族群糾紛	外貿摩擦
領土爭執	宗教衝突	外資撤出
注：超過九個亂象指標就不應前往，以免衍生個人危機。		

（作者製表）

不論國內、國外天涯海角，這類危機會如影隨形緊咬你不放。唯一大不同的是，「事故危機」的潛因，往往是當事人不瞭解當地的國情、民情而易生事故。

　　表 5 列出評估一個國家是否適合前往的「亂象指標」。國家的亂象概分為政治、社會及經濟面向，每個面向表中各給五個亂象指標，每一個指標都會帶給外籍人士災難性的危機。若這個國家亂象指標愈多，對外籍人士造成的個人危機風險就愈大。若表中所列的十五個指標都有，不但外籍人士因語言不通、風俗不同會立即陷入生死危機當中，且當地的國民人人自危，災民、難民各處分布。上一世紀 60 年代的中南半島越戰，特別是南越十五個亂象指標皆在，前往戰地西貢遭遇個人危機的風險接近百分百 [註 21]。

　　全球有 193 個國家，並非每個國家都是人間樂土，為了避免出國期間釀成個人危機的高風險，除了上網查閱交通部觀光局是否對前往國發出「旅遊警告」外，就得靠自己的常識與知識，去研判出國是否會造成高風險的個人事故危機。近年來，許多歐美先進國家陸續遭逢一連串恐怖攻擊，特別是手法新穎的「核恐怖攻擊」，堪稱文明社會的終極夢魘 [註 22]。那到底某個特定國家可不可以去？一個簡易的決策門檻：針對擬前往國家在行前先做足功課，若該國的亂象指標有十個（含）以上，非必要就別去；若亂象指標五至九個，別去短期旅行；若亂象指標一至四個，別去定居。

第 11 單元　猝然突變的事故

<table>
<tr><td colspan="3">表6　導致死亡的事故分類</td></tr>
<tr><td>ICD 編碼</td><td>死亡事故</td><td>常見肇因類別</td></tr>
<tr><td>V01~V97</td><td>交通事故</td><td>鐵路、公路、水運、海運、空運</td></tr>
<tr><td>W00~W19</td><td>墜撞事故</td><td>墜落、摔倒、跌跤、震倒、撞擊</td></tr>
<tr><td>W20~W99</td><td>日常事故</td><td>溺水、噎嗆、失溫、中暑、咬螫</td></tr>
<tr><td>X00~X19</td><td>高溫事故</td><td>濃煙、火焰、滾水、塵爆、高溫物質</td></tr>
<tr><td>X20~X59</td><td>中毒事故</td><td>毒物、輻射、瘴氣、過勞、過飢</td></tr>
<tr><td>X85~Y09</td><td>侵襲事故</td><td>暴亂襲擊、武裝衝突、械鬥、姦殺</td></tr>
<tr><td>Y40~Y89</td><td>併發事故</td><td>誤診、誤治、診療後期副作用、併發症</td></tr>
<tr><td>Y10~Y98</td><td>其他事故</td><td>意圖不明及難以歸類事故</td></tr>
<tr><td colspan="3">資料彙整自衛福部網站 http://www.mohw.gov.tw</td></tr>
</table>

（作者製表）

　　表6列舉了 ICD 第 10 版編碼有關病歿以外的死亡原因，包括第8 單元述及的「自殺已遂」及本章的「事故死亡」分類。歸類為事故致死共有一百五十五種，共通的特徵是猝然突變且始料未及，追根究柢乃因當事人的常識、知識不足，別再怨天尤人歸類於「意外」。ICD 編碼所涵蓋的事故範圍，包括：⑴與他人直接相關的事故，如交通事故（被肇事的駕駛輾斃）、侵襲事故（遭罪犯姦殺）、診療併發事故（被輕忽的醫事人員誤治致死）、其他事故（無端遭誤殺死亡）；⑵與外力關聯性大者，如墜撞事故（遭強風吹落崖底墜落死亡）、日常事故（帝王級寒流來襲被凍斃）；⑶與實物關聯性大者，如高溫事故（廚房瓦斯爆炸起火燒死）及中毒事故（吸入化學氣體窒息死亡）。

　　事故死亡真的非常多，衛福部公布近年（民國 84~103 年）事故死亡的統計數據列於圖4，說明了每年因事故往生者近萬人，雖然年年遞減，至民國 104 年全年仍有 7,033 人死於事故傷害，且較第 8 單

元圖 2 的全年自我傷害致死的人數還多出好幾倍。由於同一期間全國的總人口僅增加了一成，顯示近年每一萬位國民中，每年因事故往生的人數在 3~6 人間；與自我傷害致死的人數相較，多了 2~8 倍，不得不加以重視。

　　猝然突變的致死事故應該是男女老少不論年齡、性別，都會有風險涉入其中。圖 5 是民國 103 年各類致死事故人數、性別、平均年齡分布。致死事故人數較多者依序為交通事故（3,431 人致死，占比 48.2%）、墜撞事故（1,453 人死亡，占比 20.4%）及日常事故（1,198 人死亡，占比 9.6%），男性占事故死亡總人數的七成。各類事故死亡平均年齡最長者為診療併發事故（71 歲），最年輕者為侵襲事故（39 歲），誠所謂老人枉死、年輕人慘死；事故死亡最折壽，平均少活 25 年。

　　猝然突變的致死事故，較為特殊的是「其他事故」（ICD 編碼為 Y10~Y98），其肇因為天災與人禍；天災指自然災變釀成個人的事故危機，人禍指人為失誤導致個人的事故危機。而天災加人禍又會衍生出複合事故，造成 ICD 編碼的其他事故。這種交疊發生的災難，大致上可區分為輻、生、化、火、水、風、震七種：

1　輻災

　　天災指宇宙輻射對飛勤人員及高山居民造成的長期健康傷害，或地球大氣臭氧層破洞導致過量的紫外線入射，人類曝晒過度衍生皮膚癌。人禍指人為疏失的輻射鋼筋、輻射道路致癌。天災加人禍指臭氧層破洞，導致過量的紫外線致使皮膚癌的天災、被醫院誤診為老人斑最終癌歿（併發事故）。

2　生物疫情災變

　　「中東呼吸道症候」（MERS）的疫情算是天災，中煞的病患住院急診造成醫病交叉感染是人禍；史書記載的世紀瘟疫大流行就是天災加人禍的複合式災變（其他事故）。

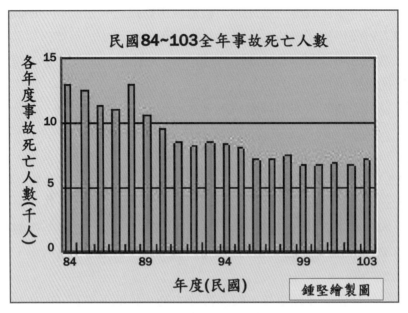

圖 4　我國近年各年度事故致死人數

（統計數據摘自 http://www.mohw.gov.tw）

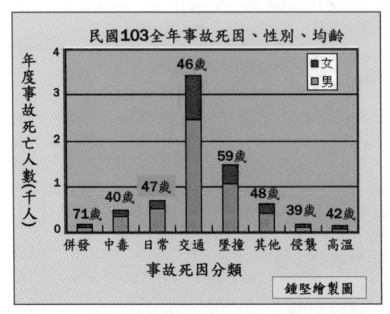

圖 5　民國 103 年全年各類致死事故人數、性別、平均年齡

（統計數據摘自 http://www.mohw.gov.tw）

③ 化學災害

礦坑內的瓦斯、沼氣中毒是天災，化學毒物自工廠排放是人禍，雷擊化學槽而爆炸致使路人被炸死，是天災加人禍的化學災害（中毒事故）。

④ 火災

天乾物燥森林大火是天災，廚房燒起大鍋失火是人禍，地震引起瓦斯管線斷裂爆炸焚燒是天災加人禍的火災（高溫事故）。

⑤ 水災

豪雨淹水是天災，水壩潰堤是人禍，洪水氾濫強要渡河卻溺斃是天災加人禍的複合災變（日常事故）。

⑥ 風災

遭強風吹落招牌擊中是天災，遭飛機噴流擊倒是人禍，飛機遇晴空亂流的飛安事故是天災加人禍的複合性災難（交通事故）。

⑦ 震災

地震是天災，彈藥庫爆炸是人禍，天搖地動中被逃難者推擠墜樓是天災加人禍的複合性災禍（墜撞事故）。

從個人危機控管的立場去審視猝然突發的事故，依時序可分為尚未遭遇和已經遭遇兩種情況。尚未遭遇前需自我強化預防性措施及應變準備，盡力避免突發事故發生在你身上；已經遭遇也只能立即斷然處置，以期減少傷害 [註 23]。例如：事前蒐集海嘯資料，研判哪些國家的渡假海灘是高風險區，「沒事別找事」不要到高風險區渡假；

萬一碰上了，需當機立斷按應急準備逃生，「有事別怕事」切莫瞠目面對死亡不知所措！雖然事故的潛因——當事人、關係人、事件、實物及外力中，如前所述「關係人」及「外力」占的肇因權重較大，但並非表示「當事人」錯不在己，就以此為藉口聽天由命。尚未遭遇事故，自己努力增加常識、知識，去預判、預防及準備應付事故危機；已遭逢事故者，更要靠自己去斷然處置求存。一切都要靠自己！

第 12 單元　個人危機與企業危機的異同

表 7　個人危機與企業危機的相異點

	個人危機	企業危機
1	涉及範圍以個人為主	涉及範圍以組織及成員為主
2	個人態度是成敗關鍵	內部成員溝通是成敗關鍵
3	範圍單純，預防成功機率大	範圍複雜，預防幾無可能
4	預防勝於處置與善後	處置與善後並重
5	預防與處置成本較低	預防與處置成本浩大
6	自己負成敗全責	團隊成員負全部責任
7	無從逃避必須親身面對	可外聘專責公司應付危機
8	可任意規避大眾傳媒	需積極主導大眾傳媒利我

（作者製表）

　　個人屬自然人，而社會團體、公益組織、公司則是法人，最頂層的國家則由政府、主權、領土及人民所構成。如果個人以外的法人與國家都當成是企業，就可以沿用管理科學內的「危機管理」去控管企業的危機 [註 24]。國內的企業還真不少，除了國家體系的中央及地方政府機關外，各級政府所管轄的職業團體、社會團體在民國 93 年底就有 27,431 個之多，到了民國 104 年底更倍增為 56,630 個。民國 93 年底登記的公司行號有 602,021 家，到了民國 103 年底也倍增為 1,386,128 家 [註 25]。企業危機管理，可用來控管國內為數百餘萬個社團、組織、公司、政府機關等法人的危機。

　　企業界的危機管理模式，是否可以援用來控管全體國民各自的個人危機？在第 2 單元提過，個人危機與企業危機都是危機，有五種特質是共通的：(1)恐懼是企業危機與個人危機的最大殺手；(2)企業危機與個人危機在時程上都有急迫性；(3)企業危機與個人危機都得處置，

不能迴避；⑷面對企業危機與個人危機的選項都十分有限；⑸企業危機與個人危機都是企業與個人的轉捩點，但不必然是轉機。另外，企業危機的控管流程與個人危機的控管流程（第 4 單元圖 1）十分類似，只是企業危機的處置與善後權重，遠較預判與預防來得高 [註 26]。簡而言之，學習企業危機管理，對個人危機控管具有啟發性，絕對有助於當事人認識個人危機。

但是，個人危機與企業危機也有非常大的反差。上揭表 7 框列了八點個人危機與企業危機相異之處。首先，個人危機是以當事人（自然人）為主體，人是有情有義且有情緒的；而企業危機是以組織（法人）及組織成員為主體，但仍以組織為重。個人危機的主體自然人重視有情有義的「情、理、法」，把法字擺在最後；企業危機的主體法人受到法律規範，當然以「法、理、情」中的法字擺在最前。個人危機的當事人可能為了面子及維護尊嚴而以情字擺前面，法、理棄兩旁；企業危機的法人可要注意《人民團體組織法》、《公司法》及相關的國際公法，否則一旦觸法就非常麻煩。個人危機控管多以情義為先，往往將相關法令拋諸腦後。例如：司機失能，在山路不能駕駛，乘客情急下代為駕駛脫困，乘客可從未考慮過，一旦出了車禍，保險公司是否會理賠「非約定駕駛人」的肇禍？另外，政府不會憂鬱，公司不會自殺，但個人會。

個人危機與企業危機的複雜度也很不一樣。愈大的企業組織結構與功能運作也愈複雜，反觀當事人自己是唯一主體，個人就單純多了。企業太過龐大，則運作的鈍重性也大，要全體員工都動起來預防危機非常不易；而個人預防危機就直接了當，親身全力去準備應付危機毫不含糊。不過，企業就是因為家大業大，可敦聘專業的法務、公關顧問公司，協助企業本身的危機處理小組成員去應付危機；而個人危機，多半僅由當事人自行處置。企業若處置危機失效或善後失敗，企業的員工及眷屬甚至社會大眾同受其害；而個人危機處置失敗，災難性的結局最多波及當事人自己及少數至親好友。

個人危機控管的成本，由於僅及於當事人，最壞的災難是傾家蕩產賠上生命；而企業控管不當所造成的災難，非常可能是組織崩解、

公司倒閉，甚而國家滅亡。故而企業危機的控管一旦失敗，損害恐怕比「慘重」還要可怕。另一方面，企業隱含了社區、社會的責任，一旦遭逢危機，如何面對媒體的堵麥、狗仔隊的採訪，是企業危機管理非常關鍵的課題；妥善主導媒體甚至運用媒體形成利我、友我態勢，都是企業危機處置、善後不可或缺的手段。而個人危機的當事人，不論是閃亮的公眾人物或是無名小卒，遇上媒體當然可以漠然不回應，或者一句得體的「謝謝關心」，就輕鬆地大事化小，這也是個人危機與企業危機面對傳媒時的兩樣情。

個人危機與企業危機最特別的差異，是企業危機管理團隊的溝通與默契要非常順暢，所有成員的權責要相稱，切不可主管有權無責、部屬有責無權。企業危機控管，龐雜到要寫上厚厚一疊的標準作業程序（Standard Operating Procedures, SOP）照著做，最好是在企業領導階層建構一套類似武裝部隊的指、管、通、資、戰、情、監、偵（Command, Control, Communication, Computer, Combat, Intelligence, Surveillance, and Reconnaissance, C^5ISR）體系，保持透明、即時、線上、連續 [註 27]。個人危機控管可就沒那麼複雜，只要有正確積極的心態，就可輕鬆上手。

企業危機與個人危機雖然都是危機，也都涉及個人，由以上的分析，企業危機管理不能完全搬過來作為個人危機控管的依據。

注　釋

[註 17]　Raymound Gozzi, *Insight: Living in Times of Crisis*, pp. 37 (Pilgrim Press, Chicago, October 2003). ISBN 0-82981- 580-5.

[註 18]　James Dobson, *Love Must be Tough: New Hope for Families in Crisis*, pp. 240 (Mulnomath, NYC, January 2004). ISBN 1-59052-355-5.

[註 19]　Helen M. Montgomery, *Partners in Crisis*, pp. 576 (Xlibris, NYC, November 2003). ISBN 1-41340-429-4.

[註 20]　交通部觀光局編，《臺灣觀光統計年報》，頁 60（交通部觀光局，臺北市，2015 年）。ISBN 978-986-04-1817-0。

[註 21]　Robert Mason, *Chickenhawk*, pp. 476 (Penguin Books, NYC, November 1983). ISBN 0-14-007218-7；鍾堅譯，《越戰空騎之旅》，頁 459（麥田出版，臺北市，2002 年 4 月）。ISBN 986-12-0068-1。

[註 22]　鍾堅，「成形中的人類新威脅：核恐怖活動」，《清流雙月刊》，頁 8~12（法務部調查局清流雙月刊社，新北市，2016 年 1 月）。

[註 23]　Charles Perrow, *Normal Accidents*, pp. 386 (Princeton University Press, NYC, September 1999). ISBN 0-69100-412-9.

[註 24]　Ian I. Mitroff and Christine M. Pearson, *Crisis Management: A Diagnostic Guide for Improving Your Organization's Crisis-Preparedness*, pp. 160 (Jossey- Bass, NYC, August 1993). ISBN 1-41407-620-7；吳宜蓁、徐詠絮譯，《危機管理診斷手冊》，頁 224（五南圖書出版，臺北市，2001 年 9 月）。ISBN 957-11-1288-7。

[註 25]　魏聰哲等，《2015 中小企業白皮書》，頁 350（經濟部中小企業處，臺北市，2015 年 9 月）。ISBN 978-986-04- 5716-2。

[註 26]　Otto Lerbinger, *The Crisis Manager: Facing Risk and Responsibility*, pp. 392 (Lawrence Erlbaum Associates, LA, January 1997). ISBN 0-80-58238-75；于鳳娟譯，《危機管理》，頁 328（五南圖書出版，

臺北市，2001 年 3 月）。ISBN 957-11-2383-8。

[註 27] 鍾堅，《爆心零時》，頁 239（麥田出版，臺北市，2004 年 3 月）。
ISBN 986-7537-41-6。

第 肆 章　辨識個人危機

<table>
<tr><td colspan="2" align="center">**兵聖孫武《孫子兵法》用間篇**</td></tr>
<tr><td colspan="2" align="center">故明君賢將，所以動而勝人，
成功出於眾者，先知也。</td></tr>
<tr><td colspan="2" align="center">**個人危機新注《孫子兵法》**</td></tr>
<tr><td colspan="2">個人危機控管高手之所以能屢屢逢凶化吉，戰勝危機，其成就遠超過凡人且無人可比的原因，在於他能對危機的潛因、生成、威脅充分掌握，知之甚詳。</td></tr>
</table>

「人在險中不知險」，說明了辨識危機非常重要。要做好個人危機控管，除了第壹章的入門「認識個人危機」，關鍵在於是否能辨識危機的來源方向、威脅程度、風險高低、機率大小與危機發生的時程等五個問題。個人危機能否清楚辨識，首重資訊的彙集，特別是資訊來源能做到即時、在線、連續化。為了防止誤判個人危機，資訊可靠度的掌握需有相應的過濾機制。如果個人危機相關的資訊是危機控管的源頭，則依據資訊源頭所作的「推理」是上游，順流而下達致辨識危機的合流點。推理是邏輯演繹甚為必要的手法，善用基本數理邏輯於推理，絕對有助於辨識危機。辨識過程最難的，就是論斷是否有個人危機的存在，特別是在資訊殘缺的困境中，必須善用外部資源的寬度與廣度，藉以作出正確的結論。

第 13 單元　辨識危機首重資訊彙集

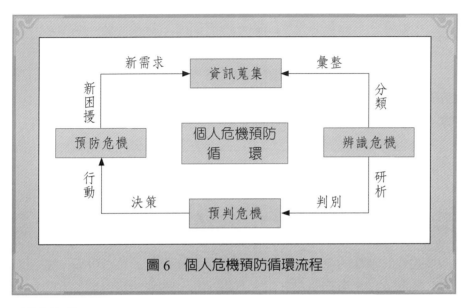

図6　個人危機預防循環流程

（作者繪圖）

　　預防勝於處置，個人危機首重預防，而預防成敗的關鍵在於能否清楚地正確辨識危機。然而，要清楚且正確辨識危機，首重資訊蒐集。圖6列出個人危機預防循環流程，在圖中順時鐘永不停止的流程體系中，資訊蒐收集→辨識危機→預判危機→預防危機四大關節，是成功預防個人危機必經的通關密語，也是本章起連續三章探討的主題。

　　個人危機有效的預防，需從圖6的午時十二點鐘位置開始布局：資訊「蒐集」。相關的資訊經彙整、分類，再轉移給三點鐘位置的「辨識」，分辨資訊是否成為個人危機的潛因。若的確具有威脅性與針對性，經過研析、判別，再將已辨識具有個人危機的潛因交予六點鐘位置的「預判」去質化、量化個人危機的緊迫性、嚴重性與風險等級。既然有預判，必然有決策與行動，此一決策與行動就轉移至九點鐘位置的「預防」布局。個人危機預防需當事人盤點自己的預防實力與能力，以方便對症下藥；然而，預防與準備應付個人危機的同時，必然

產生新的困擾與需求，就得回歸到午時十二點鐘位置，「蒐集」更多、更新的相關資訊。如此周而復始，愈完整的資訊蒐集過程，個人危機的辨識就愈清楚，連帶著個人危機的預判，也就愈正確，個人危機的預防也愈周全。若資訊蒐集在圖 6 內周而復始循環不息，滾動式的資訊獲取，就有即時、在線、連續的高規格。

　　人人都有資訊蒐集的經驗：報名應考前蒐集考古題、買股票前蒐集投資標的營運情況、婚前針對另一半的徵信、論文研究的文獻回顧等。不過，資訊的彙整與分類需注意：(1)資訊的來源；(2)資訊的內容；(3)資訊的結論；(4)資訊的意涵，以確保資訊的專業性、完整性、正確性與重要性，方便爾後個人危機的辨識 [註 28]。

1 資訊來源的專業性

　　在資訊爆炸的時代，各種各類的資訊滿天飛，是否可靠，要看來源。舉例來說，用網路只要鍵入關鍵詞句，透過搜尋引擎就有整批的資訊冒出；要如何過濾「大數據」每筆資訊的可靠性，真的有如大海撈針，以致於上百萬筆資訊在手，若照單全收，等同於沒有資訊。有人說官方資訊較可靠，小道消息不可信；也有人說政府資訊刻意誤導，寧可相信非官方版本。一個簡單的原則，從資訊的來源分辨是否可靠：來源是否夠專業、來源是否有統計數據檢證其專業，意即「專家定是非、數據會說話」。明天是否會有超大豪雨，相信中央氣象局的預報，因為氣象局夠專業且有百年以上的氣象數據；雖然氣象局的預報偶爾失誤，難道要相信 10 歲神童架設的氣象預報網站嗎？

2 資訊內容的完整性

　　不要把單純的事情複雜化，但也別把複雜的事情單純化。任何資訊，都要檢視是否夠完整，特別是非常複雜的資訊。資訊蒐集若不夠完整，猶如僅見冰山浮出的一角，易陷入以偏蓋全、斷章取義的誤判。網路資訊要完整周全，須再鍵入「相關網站連結」，繼續執行資訊蒐

集。再以明天是否會有超大豪雨為例，既不相信農曆節氣的預測，也不認為中央氣象局的預報夠完整，那就再鍵入周邊鄰邦的官方氣象機關（如日本氣象廳、美軍氣象中心）的區域預報；加入外國專家的預報及數據分析，資訊內容才夠完整周全。

③　資訊結論的正確性

　　股市的明牌、算命師的鐵口直斷，到底有多少正確性？是否每次都對？盲目盡信股市明牌，到頭來豬羊變色，投資血本無歸；算命師的鐵口一旦成真，信眾往往奔相走告，卻沒人去質疑他還有更多「跌破眼鏡」的預言。醫師診斷出病患有絕症，病患是否全信醫師的診斷，還是質疑其正確性，有權另找其他醫院更資深的專科醫師複診？再舉明天是否會降下超大豪雨為例，中央氣象局預報有超大豪雨的機率是 80%、美軍氣象中心預報僅有 70%、日本氣象廳預報 90%，三個資訊總比一個強，完整的資訊若全都採信，明天會降下超大豪雨的機率應在 70%~90% 間，或取三者的平均值 80% 作為參考。

④　資訊意涵的重要性

　　同一筆資訊，對某些人的重要性恰好正中了個人危機的問題核心，對其他人而言，這筆資訊並非個人危機的關鍵資訊。一個簡單的原則：替自己的個人危機列出核心潛因後，再去蒐集所有對應的「核心」資訊，時間充裕時再蒐集周邊的「非核心」資訊。再舉明天是否會有超大豪雨為例，對登山友而言，氣象預報是預防山難個人危機的「核心」資訊；然而相對於至親病危的個人危機，氣象報告對病患而言，純屬「非核心」資訊。

　　辨識個人危機首重資訊蒐集，若資訊不夠專業、完整、正確、重要，後續的個人危機辨識就不夠清晰明確，更可能導致誤判個人危機與無力預防個人危機。

第 14 單元　辨識危機要五問自己

辨識危機捫心自問 5W

人（Who）：誰造成危機？
事（What）：危機事件有多嚴重？
時（When）：何時爆發危機？
地（Where）：何處發生危機？
為何（Why）：為何會形成危機？

　　每一筆蒐集到的資訊，是否有助於辨識個人危機，都要五問自己這筆資訊相關的人、事、時、地與為何。用這 5W（Who, What, When, Where, Why），去檢視手邊的資訊，當可運用此一資訊去辨識個人危機 [註 29]：

① 人（Who）

　　每一筆資訊的運用，都會明示「誰」將造成當事人的危機。資訊是結構性的消息或情報；運用此資訊去仔細辨識危機，是功能性的動作，能否運用得當在個人。用第 13 單元氣象預報與山難攸關個人生死的危機為例，辨識超大豪雨的威脅有三種人：當事人自己、關係人（山友）及關鍵人物（登山領隊）。一旦資訊蒐集具有可靠性、周全性、正確性與關鍵性，接下來的辨識關卡視這三種人的認知與心態：當事人自己是否意識到超大豪雨潛藏山難危機？山友是否明白此一危機？領隊是否認同此一危機？當事人即便清楚辨識此一攸關生死的資訊，是否能說服山友及領隊？因此，辨識危機的決策權在人，特別是當事人自己要有主動、積極的企圖心，去影響周邊的關係人，相信已

辨識清楚的危機的的確確存在。

② 事（What）

當資訊所帶來的警訊足資辨識危機存在時，要推敲的是這事件到底有多嚴重。事件的嚴重性亦可分為三類：⑴當事人應付危機的預防戰力；⑵所能掌握現有的資源與支援；⑶外部環境不可控管的因素。再以山難為例：當事人若體能健碩，且有強烈的求生意志，應付危機的預防戰力可評定為高強；領隊備有通訊裝備及衛星定位器，資源與支援不虞匱乏。然而，登山路線沒避開高山稜線與河谷，面對強風、暴雨、土石流及山洪的風險將大幅增加；山難事故一旦發生，輕者或許只是體力透支受困於溪谷等待救援，重者或因山友體弱多病、裝備欠缺、選錯登山路線而造成傷亡。同一筆的超大豪雨預報資訊，在辨識危機上會有全然不同的詮釋：超大豪雨導致山難的損害，可從輕微到嚴重。

③ 時（When）

若辨識危機已然存在，危機爆發的時機也可分成三種：如期發生、提前發生與延後發生。再以超大豪雨預報資訊辨識山難危機的案例來說，為儘快離開山區，卻在暗夜中競走失足墜崖，導致山難提前發生；山友意見分歧致使部分登山隊員躲入山洞內避雨，卻因斷路、斷糧使山難在超大豪雨過後才推遲發生。

④ 地（Where）

若已辨識危機就在眼前，則危機發生的場所，也可分為三處：一如資訊所指示之位置，或在預期位置鄰近，或完全不在預期位置而在它處。再以超大豪雨預報的資訊辨識山難危機的案例去審視，山難發生的場所，最可能發生在豪雨區，也可能在豪雨區邊緣的土石流災

區，當然也可能發生在遠離豪雨區河谷中突然爆發的山洪。

⑤ 為何（Why）

　　若已辨識出危機，最後要問的是為何會形成這類危機？資訊既然是結構性的消息或情報，危機的生成或消退則是功能性的動態推演。個人危機既已辨識，且非常不幸地最終也發生了，則要問的是為何危機居然就這樣眼睜睜地看著它發生？危機會形成的理由也分成三類：當事人(1)認知有偏差；(2)準備不充分；(3)決策有失誤。再以超大豪雨預報最終導致山難為例，辨識出超大豪雨成災而躲入山洞，卻遭洞穴毒蛇攻擊，屬危機認知有偏差；登山裝備不足以因應山區超大豪雨，屬準備不充分；領隊率山友逃生卻走錯路線，屬決策有失誤。

　　每一筆珍貴的資訊，在導入個人危機辨識時，都要針對每筆資訊問自己 5W：人（Who）、事（What）、時（When）、地（Where）及為何（Why）。弄清楚了每筆資訊的人、事、時、地及為何會導致個人危機，當可辨識個人危機是否存在。

第 15 單元　分辨危機善用數理邏輯

數理邏輯要活學活用

✔ 加總與相乘	✔ 減項剔除
✔ 輸出（入）與平衡	✔ 增項植入
✔ 交集與聯集	✔ 縮小歸零
✔ 線性與非線性	✔ 無限擴大
✔ 對稱與不對稱	✔ 消耗萎縮
✔ 迴旋與迴歸	✔ 補充增屯

　　很多人認為生活上的數學，僅止於簡單的加減乘除法則，即便是複利的計算得用上微積分，銀行也會很貼心備妥複利的利息計算表，方便客戶查閱。事實上，高等教育的數學課程如微積分、應用數學、工程數學、偏微分，甚至統計與數學系的高階核心課程，除非走專業統計這一行，否則一輩子都用不著。但是，把高等教育的數學課程讀完、讀通了，數理邏輯與推理能力將大幅增強，讓一輩子的生活更豐富。因此，智者要分辨危機，一定會用得到數理邏輯 [註 30]。

　　本單元列出常用來分辨危機之數理邏輯共十二項，上揭左欄六項是可量化（數得出來）的邏輯計算分析，右欄六項是質化（可描述相對性）的邏輯推理。

1 加總與相乘

　　4 加 5 等於 9，加總合作機會多；4 乘 5 等於 20，相乘團結力量大。在辨識個人危機的過程中，需注意加總、相乘結構性數字背後功能性的影響。當事人登山攜幼女同行，父女結伴同遊固然天倫之樂、樂無

窮（1+1=2 加總），然而在面對山區超大豪雨，幼女因智能、體力有限（預防戰力是 0 不是 1），不但不能替登山隊解決危機，反而在超大豪雨中，幼女變成父親沉重的負擔（1×0=0 相乘）。

2 輸出（入）與平衡

　　針對特定的對象去辨識危機，若輸出小於輸入，致使特定對象膨脹變大；反之，則萎縮變小，都屬不平衡狀態。若輸出與輸入恆常相等，則特定對象處於平衡狀態。平衡狀態不必然意味著沒有個人危機，例如：長期失業、終身貧困的恆常平衡狀態，代表個人財務危機；量入為出、積少成多的習慣（花費輸出遠小於營收輸入）之不平衡狀態當可致富，擺脫了個人財務危機陰影。

3 交集與聯集

　　交集指採用所有資訊重疊部分，若無重疊，則沒有交集；聯集指採用所有資訊，通通用來辨識危機。再以三個不同來源的官方氣象預報明日超大豪雨機率為例，70%（美軍氣象中心預報）、80%（我國中央氣象局預報）及 90%（日本氣象廳預報）的聯集是 70~90%；交集乍看之下似乎沒有，若預報的標準差為 ±10%，則 70±10%、80±10% 與 90±10% 間的聯集，求解算出明日超大豪雨的機率為 80±6%。

4 線性與非線性

　　辨識個人危機常用的俗語「夜路走多了必撞鬼」，形容夜間狀況多，暗夜走動愈多、風險就愈高的線性關係。登山前與登山期間時時刻刻都接收氣象預報並研究對策，「小心能駛萬年船」，每次登山活動都能規避山難危機，這就是登山次數與山難危機間，存在的非線性關係。「十次車禍九次快」是飆車次數與車禍生死間存在的線性關

係；開車採防衛性駕駛習性，不論行駛次數與里程，發生車禍危機的
風險大幅降低，則開車次數與車禍危機存在著非線性關係。

⑤ 對稱與非對稱

　　一對一的對等談判是對稱式協商，孤立無援、以寡擊眾則屬非對
稱性的對峙。換言之，要辨識個人危機是否存在，端視危機潛因的對
稱性，若處於非對稱狀態，且我眾敵寡，我方占有利情勢，不易釀成
當事人的危機；若敵我處於對稱狀態，甚至糟到敵眾我寡的非對稱狀
態，則個人危機風險大增。

⑥ 迴旋與迴歸

　　用電腦跑程式處理龐雜的數學運算，最常使用迴旋計算（不斷輸
入變數，用同樣公式重複運算）及迴歸分析（就同一標的物，不斷改
變參數精算最後的結果）。在辨識危機過程中，同樣可運用迴旋計算
與迴歸分析的精神，去確認危機是否存在。例如：針對同一議題（如
飆車）不斷向智者、長者及有經驗的車神請益是否危險，屬迴旋計算
模式；同一議題（如飆車）輸入不同參數（如該慢則慢與該快則快）
反覆迴歸分析推敲，當可辨識出是否有危機。

　　以上六項屬量化的數理邏輯計算分析，可幫助當事人明辨危機的
量化程度。下面的六項是質化的數理邏輯推理，也有助於辨識個人危
機風險的高低：

① 減項剔除

　　意即剔除，甚至取消辨識個人危機的選項。例如：在雨季斷然拒
絕登山，就是剔除選項，或限縮登山路線，就是減列選項，以規避超
大豪雨、山洪等危機的威脅。

② 增項植入

意即增加相關資訊蒐集（增項）並給予相當的重視（植入），期以清楚辨識危機。在收取中央氣象局超大豪雨預報後，另外也收取聲譽卓著的日本氣象廳與美軍氣象中心亞太區域的超大豪雨預報，一齊整併分析，就是增項植入的典範。

③ 縮小歸零

喜歡飆車的暴走族，隨著年齡增長、處世日漸圓融成熟，從年少輕狂的飆機車，到穩健成熟的僱用司機開雙 B 車，到年老退休搭大眾捷運，就是避免當「不老騎士」、遠離車禍生死風險的階段性縮小歸零之案例。在辨識個人危機中，只要保守自我設限、縮小歸零，個人危機的風險會大幅降低。

④ 無限擴大

辨識危機蒐集資訊，特別是相關資訊愈多、愈全面、愈有深度，辨識個人危機就愈清楚。如理財投資除了金融資訊外，進階投資尚需滾動式蒐集政治、軍事、經濟等直接影響投資的資訊。到了高階投資層級，就需要研析人文、宗教、心理等間接衝擊投資的資訊，期以降低個人財務危機的風險。

⑤ 消耗萎縮

辨識個人是否有危機，若資訊明示特定之標的物持續在消耗與萎縮中，則個人危機遲早將浮現。例如：當事人揮金如土、嗜賭如命、酒池肉林、暴飲暴食、縱慾過度虛耗元氣，相關資訊都警告當事人對財力、體力如此揮霍無度，遲早會傾家蕩產、搞垮健康，當然清楚顯示這就是個人財務、健康危機。

⑥ 補充增屯

　　事業愈做愈大、客戶愈來愈多，是補充增屯的典範；是否能辨識其中潛藏危機，絕不能忽視。公司成員上百萬的跨國企業所面臨的挑戰，遠較攤販個體戶為多，如公司增屯，融資借貸貪圖多賺，卻遭斷頭致使企業倒閉；或攤販補充加聘幫廚，每天多賣兩百碗麵。故在加料增屯、補充養分的同時，清楚辨識個人危機就變得非常精緻。

　　以 2002 年衝擊我國人人自危的「嚴重呼吸道症候」（SARS）疫情 [註 31] 以及 2015 年「中東呼吸道症候」（MERS）疫情橫掃全球為例，在 N95 口罩都買不到的窘境中，辨識個人危機的資訊與謠言卻滿天飛。在網路上蒐集到的相關資訊，都說大陸偏方的「板藍根」吃了可以免疫，甚至還有人證、物證現身說法。後續的各路謠言另指真正的免疫食物，是「韓國泡菜」及「日本芥末」，因為朝鮮人與東洋人不發病。你全都相信嗎？謹記：資訊與謠言是一張紙的兩面，要正確清楚辨識危機，須搜尋夠專業的網站。衛福部「最新消息」的專家會告訴你：SARS 與 MERS 沒有偏方可預防治療，中煞的禍首元凶「特異性冠狀病毒」，只集中攻擊基因特殊的人種。

　　分辨危機要建構當事人的數理邏輯計算、分析推理之能力，古聖先賢、明君賢將的疑人之所不疑，能明察秋毫，就是善用數理邏輯中「異中求同、同中取異」的推理而成就非凡。

第 16 單元　辨識危機的可用資源

辨識危機切忌單打獨鬥，最好有貴人相挺，誰是貴人？

長輩（父母、親友……）	師長（導師、教官……）
朋友（閨蜜、室友、同學……）	長官（主管、主官……）
諮商（諮商師、專科醫師……）	執法（憲警、消防……）
顧問（理專、律師……）	領導（座艙長、隊長……）

　　受限於個人有限的本職學能與社會經驗，要明辨個人危機非常不易。孤軍奮戰、悶著頭蠻幹，一開始就因誤信、誤判而無法清楚辨識個人危機，最終一敗塗地，比比皆是。

　　足智多謀、有策術的長者，見識必深遠廣大，觀察必精緻入微；辨識個人危機若有這種資深長者（貴人）相助，或可指點迷津，逢凶化吉。問題是，貴人在哪？就算貴人在眼前，他為何要挺你？

　　「自助者人助」，古有明訓。若當事人本身已具備「自助」的先決條件，臨危時貴人恰好在身旁，「而後人助」貴人或許會相挺解惑。自助的先決條件就是良好的人際關係，致使貴人願鼎力相挺。良好的人際關係至少應包括以下四要件 [註 32]：(1)協調能力；(2)談判能力；(3)領導能力；(4)團隊精神。協調能力專指尋求共識、異中求同的智慧；談判能力則指創造共贏的契機；領導能力意味著群眾魅力；團隊精神就是不爭功諉過。其實，要建構良好的人際關係一點都不難，只要時時刻刻記得誠懇地協助他人解決困難，人際關係不好都難；像是「熱心公益」、「樂善好施」或「日行一善」的「暖男」與「暖女」，都是建構良好人際關係的起碼門檻。有了良好的人際關係，貴人當然會相挺；接下來要問的是，哪類長者才算是貴人，能幫你解惑分辨危機。

　　見識深遠廣大、觀察精緻入微，不但是貴人特有的氣質，應該也是平凡人立志追求的人生意境。見識深遠、廣大者，必有豐富的一般常識與專業知識，觀察精緻、入微者，必有細膩的人生體驗與特有的人生哲學。不論是見識深遠廣大或觀察精緻入微，又與接受過高等教育，尤其是研究所的正統教育，有直接關聯。民國 50 年代之前的臺灣教育資源十分匱乏，大多數的精英分子都赴海外深造留學、謀職就業，之後再返鄉服務，成為海外歸國學人，被通稱為「海歸派」；這批海歸派學人，是過去經濟從勞力密集轉型成技術密集的操盤手，創造經濟上的「臺灣奇蹟」。海歸派學人從政，也是我國邁向民主的「臺灣經驗」臺前、幕後之推手。海歸派學人不但是街坊鄰居的貴人，也是國家的貴人。

　　隨著國內高等教育日漸茁壯，國內所培養碩、博士學位的貴人，也日漸增多 [註 33]。圖 7 顯示早年國內公私立大學院校授予碩士學位的人數，從 47 學年度開始破百，64 學年度衝刺破千到 82 學年度終於破萬，說明了高等教育漸受重視。圖 8 則顯示近二十年，國內公私立大學院校授予碩士學位的人數，業界需求造成高等教育蓬勃發展之趨勢，每學年度碩士畢業生甚至一度破 6 萬之眾。

　　至於國內公私立大學院校授予博士學位的人數，也不遑多讓，圖 9 顯示早年國內培養的博士學位人數，從 47 學年度大學授頒第一張國內博士文憑，到 59 學年度開始破十，72 學年度衝刺破百到 82 學年度終於近千，也說明了國內對高學歷的需求與國民終身學習的自我提升。圖 10 則顯示近二十年國內公私立大學院校授予博士學位的人數，不但破千，每學年度博士畢業生甚至一度破 4 千之眾。

　　值得注意的是，儘管國內公私立大學院校數目及招生員額因「教改政策」迅速膨脹，但碩、博士學位的授予，仍以公立大學為主。以 103 學年度為例，當年授頒的 57,461 張碩士文憑中，65.5% 由公立大專院校發證；而授頒的 4,000 張博士文憑中，更多達 82% 由公立大專院校發證。究其緣由，係因公立大學較私立大學掌握更多的政府與社會資源，當然產出文憑也多。

　　擁有碩、博士高學歷的「貴人」，數理邏輯分析及理則學推演能

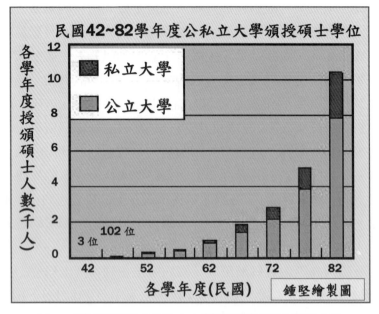

圖 7　我國早年國內公私立大學院校授予碩士學位人數

（統計數據摘自 http://www.edu.tw）

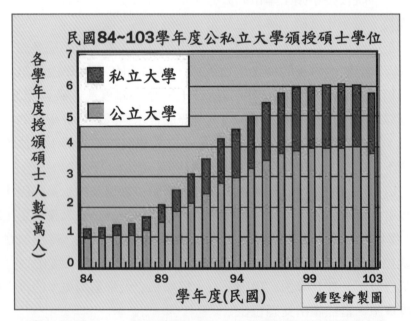

圖 8　民國 84~103 學年度國內公私立大學院校授予碩士學位人數

（統計數據摘自 http://www.edu.tw）

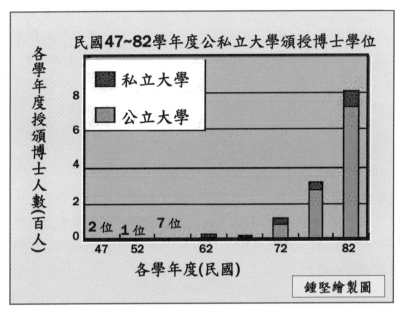

圖 9 我國早年國內公私立大學院校授予博士學位人數
（統計數據摘自 http://www.edu.tw）

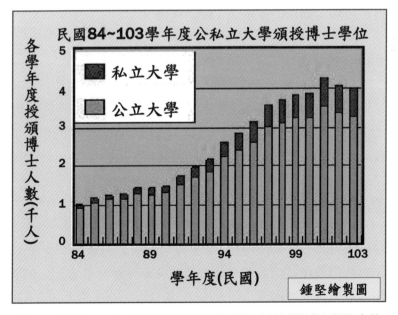

圖 10　民國 84~103 學年度國內公私立大學院校授予博士學位人數
（統計數據摘自 http://www.edu.tw）

力，遠較一般市井小民為強；不計海歸派貴人，僅統計國內所培養碩、博士高學歷的貴人人數，從民國 39 年授予碩士文憑起，累計迄今已近百萬人，其中包括碩士文憑 902,571 張與博士文憑 56,696 張，平均每 24 位國民，就有一位國內培養的高學歷貴人；所以，貴人就在你身邊，一點都不誇張。在學的青年朋友看到這些統計數字，「有為者亦若是」欲充實自己的高學歷，好作為親朋好友的貴人，最終捷徑就是接受國內、外研究所碩、博士班的正規高等教育。

見識深廣遠大的貴人，多有高學歷，但觀察精緻入微的貴人不必然擁有高學歷；這類貴人非常可能就在你身邊，而且樂於協助你分辨個人危機 [註34]。其實這類貴人你都認得，本單元一開始就列舉了八種你認得的貴人：

① 長輩類貴人

包括父母與親友中的尊長，他們非但樂於協助你渡過個人危機，而且會更積極主動幫助你辨識、預防危機。

② 朋友類貴人

包括室友、同學、閨蜜、社友、網友。友直、友諒、友多聞，真正關心你的朋友，一定會幫你辨識個人危機，即使他們的學養不足，至少會傾聽你的困擾。

③ 諮商類貴人

包括諮商師、心輔師及專科醫師。有些是免費的（如心輔張老師），有些則收掛號門診費（如向精神科專科醫師求診），但他們都樂於替你辨識個人危機。

④ 顧問類貴人

包括理財專員、律師、會計師、建築師。雖須付些許費用，有問才有顧，但效果卻是十足的一言九鼎，照著做可免除個人危機，至少不會觸法違紀。

⑤ 師長類貴人

包括校園內的教授、導師、教官、職員，甚至連資深校工都算。特別是學生在校園碰到學習、感情、人際關係及財務上的個人困擾，師長類的貴人往往一席話就點中你心中的結，分析出你是否有個人危機。

⑥ 長官類貴人

包括職務上的主管、主官、上官。你的個人危機往往會造成團隊的危機，長官基於預防團隊危機發生，也會主動幫助辨識、預防你的個人危機。

⑦ 執法類貴人

憲、警、檢、調、司法、海巡及消防官員，都是執法先鋒。他們見多識廣，若有這類朋友，虛心向他們請益，可預先免除你潛藏的危機。

⑧ 領導類貴人

包括民航機上的座艙長、觀光團的地陪、或登山隊的領隊等。你的個人危機能否防阻，是他們的職責，問問他們一定可明辨你是否會有個人危機波及到整體安全。

　　謹記：「三人行必有我師」、「三個臭皮匠，勝過一個諸葛亮」；自己不會辨識危機，就向貴人求援。

注　釋

[註 28] 蕭台福，《情報的藝術：新時代智慧之戰》，上、下冊，1028 頁（時英出版，臺北市，2015 年 2 月）。ISBN 978-986-6653-97-1 及 -98-8。

[註 29] Robert M. Clark, *Intelligence Analysis: A Target-centric Approach*, pp. 285 (CQ Press, LA, July 2003). ISBN 1-56802-830-X.

[註 30] Mary S. Charuhas and Dorothy McMurty, *Essential Mathematics for Life: Book Seven-Review of Whole Numbers Through Algebra*, pp. 275 (McGraw-Hill and Glencoe, NYC, March 1995). ISBN 0-02802-615-2.

[註 31] Thomas Abraham, *21 Century Plague: The Story of SARS*, pp. 176 (The Johns Hopkins University Press, Baltimore, MD, January 2005). ISBN 0-80188-124-2.

[註 32] Max H. Bazerman 等著，穆思婕譯，《透視危機：有效辨識及處理危機的實務指南》，頁 320（中國生產力中心，臺北市，2008 年 10 月）。ISBN 978-986-7096-83-8。

[註 33] 鍾堅，「科技衝擊：前瞻二十年後的台灣」，《理論與政策季刊》，17 卷 2 期，頁 1-18（理論與政策社，臺北市，2003 年 7 月刊）。

[註 34] Albert R. Roberts 等著，賴念華譯，《助人者危機介入的隨身指南》，頁 260（心理出版，臺北市，2013 年 9 月）。ISBN 978-986-1915-64-7。

第伍章　預判個人危機

<table>
<tr><td colspan="1">兵聖孫武《孫子兵法》始計篇</td></tr>
<tr><td>多算勝，少算不勝，而況於無算乎？
吾以此觀之，勝負見矣。</td></tr>
<tr><td>個人危機新注《孫子兵法》</td></tr>
<tr><td>凡個人危機尚未形成前，做好預判可弭禍於無形，這得歸因分析研整估算綿密；反之，預判失誤多因分析研整估算不夠周全，更何況那些從不做分析研整估算預判危機的人呢？所以，從預判危機是否估算周延來審視，誰能夠防患於未然、消弭個人危機，不就勝負立現了嗎？</td></tr>
</table>

針對已辨識、特定的個人危機，研析面對危機時間運用的緊迫性、損害程度的嚴重性及風險等級，是謂個人危機預判。預判的表示，可用主觀感性描述的「質化分析」，或用客觀理性描述的「量化分析」，或將感性描述理性化即「半量化分析」，以方便爾後危機預防及應變準備排出優先順位。

第 17 單元　質化、量化危機預判

何謂個人危機預判

定義：針對特定之危機，研析其形成的潛因、來源、威脅大小、發生機率、衝擊程度，並以質化、量化展示，以方便預防危機及危機應變準備排定優先順位。

　　上述框架中個人危機的預判，是要方便爾後危機預防與應變準備排定優先順位、孰先孰後；在多重危機中須給予每種危機的權重，方能在預判過程分析出哪種危機最急迫。個人危機的預判，可用三種方式表示：(1)質化分析；(2)量化分析及(3)半量化分析 [註 35]。

　　質化分析就是主觀感性的描述，例如：好與壞、對與錯、高與低、長與短、輕與重的二分法，但好有多好，壞又壞到何種程度？質化的預判無法進一步評比。量化分析就是客觀理性的描述，如短短二十年間（民國 84 至 103 年），國內自殺已遂的人數就暴增 1 倍餘（從 1,618 人激增至 3,546 人）。但是，多半的個人危機無從用結構性的數字表達，只能以感性的描述理性化，意即用「半量化」的分析法去表示，如運用六等分法描述，用極嚴重（10）—嚴重（8）—中度（6）—輕微（4）—極輕微（2）—無（0）來感性描述；括弧內的數字是理性的權重 G 值，以十分為滿分，零分代表無威脅。

　　管理學領域對於未來將要發生的事件，常用 SWOT（Strength, Weakness, Opportunity, Threat）分析法，來質化描述當事人對事件的優勢（S）、弱點（W）、機會（O）及威脅（T）後，再據以論述，並預判成敗輸贏 [註 36]。其中優勢（S）及機會（O）是利多的「正項」，弱點（W）及威脅（T）則為利空的「負項」。運用 SWOT 分析法須儘量列出所有的正項及負項，看哪一種多，就裁定勝負，以方

便預判。

SWOT 分析法同樣可運用於個人危機的預判。面對個人危機，自己的強項，通常就是優勢或機會的正項，自己的弱項，屬於弱點或威脅的負項。例如：山難危機即將發生，自己的血壓高、體能弱，當可預判自己能脫險的優勢與機會渺茫，且弱點太多以致於威脅大增。不過，SWOT 分析法應用在個人危機的預判並不怎麼好用，這是因為質化分析感性的描述（如血壓高、體能弱）是一個主觀性的認定，血壓高是指高到什麼程度？體能弱到底弱在哪裡？若血壓及體能沒有明確清晰的量化定義，則難以授予血壓及體能兩者間的權重。就算運用了 SWOT 分析法，條列出十項優勢與十項弱點，並非必然意味著「勢均力敵」，也無法清楚界定每一項的權重比值。就算列了上百項，SWOT 質化分析法還是不能幫助你正確預判個人危機的凶險。

質化分析既然遇到主觀感性認定的困局，那就運用客觀理性的量化分析，去預判個人危機。不過，困擾依舊存在：血壓高若要量化，要如何公平公正給分？換言之，一年刷了上百次健保卡求診或一年刷不到十次健保卡的量化區別，是否能用 100：10 去預判健康狀態？沒錯，求診心臟內科頻頻，意味著血壓高，但很少去求診並非必然表示血壓正常，也許只是諱疾忌醫。因此，量化既然困難重重，質化又太主觀感性，只好折衷二一添作五，採用半量化分析法，預判個人危機。

半量化分析法是非常務實且能解決日常事務困境的判定法。前面提到的五等分法，G 值由 10 — 8 — 6 — 4 — 2 — 0 理性評量，分別代表感性描述的極嚴重—嚴重—中度—輕微—極輕微—無。以個人血壓高為例，極嚴重（10 分）代表在山區超大豪雨中舉步維艱，無（0分）代表疾奔如風毫無血壓高的問題。二分法的描述如嚴重與輕微，都可轉用於好與壞、強與弱、多與少或高與低。例如：個人自我傷害的意圖，就可用極高（10）—高（8）—中度（6）—低（4）—極低（2）—無（0）來作半量化分析，方便爾後的個人危機預判。

第 18 單元　三維座標半量化預判危機

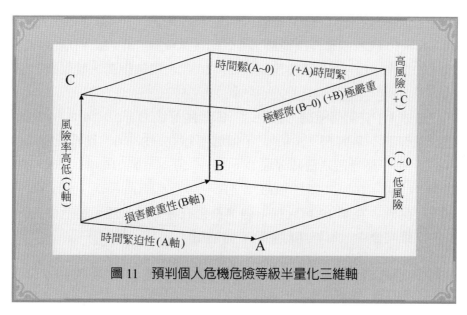

圖 11　預判個人危機危險等級半量化三維軸

（作者繪圖）

在第肆章已辨識出個人危機的確存在，本單元的重點則放在半量化的分析方法，可預判個人危機的危險等級。個人危機控管高手一致同意：個人危機的危險等級關鍵變項，是時間的運用、損害的程度與風險的高低 [註 37]。將這三個關鍵變項（時間、損害、風險）定位成三維座標空間的三個主軸，就形成圖 11 內的 A、B、C 軸。再將此一座標限縮在座標原點（A=0、B=0、C=0）的第一象限內，且規範每一軸線最多只能延展到 G 值：10，就形成上圖內三維有限空間的象限框，以利預判個人危機半量化危險等級。

這個三維座標所呈現的個人危機危險等級 D，可用下列的公式，作半量化計算：

個人危機危險等級＝時間 ✕ 損害 ✕ 風險

$$即 D = A \times B \times C \qquad\qquad [1]$$

　　每一條軸線的 G 值只能從 0 到 10。A 軸（時間軸）代表面對危機可運用的時間，A = 0 意味時間不是問題，A = 10 代表時間極緊迫。B 軸（損害軸）代表面對危機可能造成的損害，B = 0 意味著沒損害，B = 10 代表損害程度極嚴重。C 軸（風險軸）代表面對危機可能發生的機率，C = 0 代表零風險，C = 10 代表風險極高，發生機率達100%。

　　公式 [1] 有兩個極端，其中之一即危險等級 D = 0 × 0 × 0 = 0，意味著時間不是問題（A = 0），損害不存在（B = 0）且零風險（C = 0）。另一個極端是危險等級 D = 10 × 10 × 10 = 1000，意味時間極緊迫（A = 10），損害極嚴重（B = 10）且風險極高100%（C = 10）。另外，在第 17 單元提示過半量化五等分法，運用在危機等級 D 的三維座標中，每條座標軸均一體適用：

A 軸（時間軸）：時間極緊迫（10）—時間緊迫（8）—時間夠用（6）—時間寬鬆（4）—時間極寬鬆（2）—時間不是問題（0）六種

B 軸（損害軸）：損害極嚴重（10）—損害嚴重（8）—損害中度（6）—損害輕微（4）—損害極輕微（2）—無損害（0）六種

C 軸（風險軸）：風險極高（10）—風險高（8）—風險中度（6）—風險低（4）—風險極低（2）—零風險（0）六種

　　危險等級半量化的範圍，用公式 [1] 計算，從 0 至 1000，理論上有 6 × 6 × 6 = 216 種數字組合，十分複雜，但也可以運用半量化五等分法來簡化評定其等級。公式 [1] 是三條軸的相乘，故而 0~1000 的五等分切點應是 1000 － 512（= 8 × 8 × 8）－ 216（= 6 × 6 × 6）－ 64（= 4 × 4 × 4）－ 8（= 2 × 2 × 2）－ 0，危險等級對應的理性量化範圍列於表 8 內。需注意單軸的半量化 G 值係單一得分（如極嚴重是 10 分），而相乘後，三維座標半量化的分數是一個範圍（如

極嚴重是從 512~1000）。

表8　個人危機預判的半量化危險等級評量

危險等級	極嚴重	嚴重	中度	輕微	極輕微	無
A × B × C=	512 ~ 1000	216 ~ 511	64 ~ 215	8 ~ 63	1 ~ 7	0
A、B、C 用五等分法極嚴重 (9~10)—嚴重 (7~8)—中度 (5~6)—輕微 (3~4)—極輕微 (1~2)—無 (0)，使 A×B×C 相乘後的 D，亦可量化。						

（作者製表）

　　舉例言之，辨識超大豪雨將可能導致山難後，預判還有一整天的時間下山躲避，時間極寬鬆（A = 2）；惟一旦山難成真，必遭土石流淹沒、山洪沖走、毒蛇咬噬，損害極嚴重（B = 10）；且超大豪雨將至的風險高，致死機率為 100%（C = 10），則危險等級 D= 2 × 10 × 10 = 200，查閱表 8 屬於中度危險等級。既然預判山難具中度危險等級，這種等級當然要嚴肅以對，戒慎恐懼做好預防工作與應變準備。

　　第 11 單元曾提及多重危機同時發生「禍不單行」的窘境，當事人面對多重危機的威脅，怎麼辦？你我凡夫俗子一次只能好好應付一種危機，因此，面對多重危機，先挑其中威脅最嚴重的，集中資源優先處置。如何挑？就參考圖 11 與表 8 三維座標半量化危險等級，來排定優先順位。例如：在前述超大豪雨預報將釀成登山隊員山難的危險等級為中度，在同一時間「禍不單行」，不但當事人出現口歪、指麻病灶（腦中風前兆），家中又來電報告失火；山難、腦中風、火災，當事人需先處置哪一種危機？

　　從腦中風前兆去看，當事人的時間極緊迫（A = 10），損害也是極嚴重（B = 10），但當事人隨身有攜帶降血壓處方藥，立即腦中風致死的風險低（C = 4），腦中風危險等級 D = 10 × 10 × 4 = 400，查閱表 8 屬「嚴重」等級。另一方面，居家失火的危機正在發生，時間極緊迫（A = 10），損害算中度（幸好有投保火險，B = 6），家屬燒燙傷的風險極低（否則不會撥手機給你，C = 2），故火災危險等

級 D = 10 × 6 × 2 = 120，查閱表 8 屬中度。故而，當事人最適度的預判，是優先處置腦中風（嚴重危險等級，D = A × B ×C = 400），立即服藥就地休養；再處置躲避超大豪雨脫離山區（中度危險等級，D = A × B × C =200），脫險下山後儘速返家，處理火災善後（中度危險等級，D = A × B × C = 120）。

本章下面兩單元針對時間軸、損害軸、風險軸，解析如何運用感性描述理性化，來半量化分析預判個人危機。

第19單元　危機時間的緊迫性與損害的嚴重性

時間是否緊迫，損害是否嚴重，視個人主觀認定

檢驗時間管理效能：凡擅長運用時間、分配優先度、善用時間者，屬高效；否則均屬於低效（如經常遲到、睡過頭、意志不能集中）。

個人危機損害程度，視個人價值觀而定，但也有普世價值觀（如活著真好的普世觀）及偏激的玉石俱焚。

　　三維座標半量化預判危機過程中，時間軸（A 軸）的緊迫性與損害軸（B 軸）的嚴重性，由個人主觀價值去認定[註38]；只有風險軸（C 軸）係由數據與統計舉證檢驗，透過客觀事實與經驗去推定。因此，危機時程的緊迫性與危機損害的嚴重性，可以擺在一起分析。

❶ 危機的時間緊迫性

　　同樣的個人危機，問不同的人，時間是否足以面對危機妥善解決，答案往往是南轅北轍；有的人說時間永遠不夠用，也有人說綽綽有餘。例如：在醫院急診室中，主任級的醫師總是從容不迫處理擁入的大量傷患，而新報到的菜鳥醫師卻忙得驚慌失措[註39]。在預判個人危機的時間軸上，同樣的危機有人認為時間寬鬆，有人卻認為緊迫，為什麼？這完全是個人的時間管理效能，決定了個人對時間的認知。

　　凡是擅長運用時間、分配優先順序、善用時間者，就是高效能的時間管理者。作者猶記得四十餘年前服役受訓時，教育班長要求憲兵

入伍生學會洗「戰鬥澡」，從解鈕扣、脫軍裝、沐浴淋身、打香皂、洗清到穿回軍裝，都要在班長播放軍中情人鄧麗君的〈甜蜜蜜〉分段歌聲中依序完成。3 分鐘內要沐浴淨身，大概無法享受洗澡的樂趣，但卻可養成軍人動作迅速、省香皂、節約用水的高效能勤儉美德。慵懶的生活步調中，若洗澡沐浴可以泡個 1 小時以上，也許算是非常頹廢的享受，但卻是十足無效的時間管理者。

凡時間管理高效能者，他們在研判危機當頭還有多少時間可資運用「防患於未然」時，大概分秒之間才算「時間緊迫」，論時計或論日計都算非常寬鬆，絕對來得及。而時間管理無效能者，就算危機明天才到，他們都認為時間是非常緊迫；要從從容容應付潛在的危機，對這類時間管理無效能者言，大概要論月甚至論年計，才算夠用 [註 40]。

因此，在三維座標半量化的預判危機過程中，時間軸（A 軸）是否緊迫，完全看當事人的時間管理效能，方可論定。

② 損害程度的嚴重性

每個人的價值觀與道德觀，多少與旁人不太一樣，遇上危機是否有損害或對損害的認定也不盡相同 [註 41]。超大豪雨預報潛藏山難危機，有人認為大禍臨頭死路一條，也有人認為刺激好玩沒啥可怕。價值觀與道德觀往往又和學校教育與家庭教育有密切的關聯。受良好學校教育及家庭教育者，學養豐富具有崇高的價值觀與高尚的道德觀，對危機所造成的損害評估，趨向中庸、保守、謹慎。價值觀錯亂與道德觀淪喪的當事人，對危機所造成損害的認知，是隨興、輕率、無知的。這兩類極端的族群，對同樣的危機所造成的損害之評估，非常可能落在光譜的兩極。

當然，普世標準的價值觀和道德觀絕對存在，端視當事人是否認同。個人危機造成極其嚴重後果的普世觀，包括：生命終止、健康惡化、家庭破碎、財產盡失、尊嚴受損、感情創傷、名譽掃地，這些都屬損害程度極嚴重的端點（B = 10）。至於損害軸的「無損害」始點

（B＝0），要如何界定，那真的要看當事人的價值觀和道德觀了。畏畏縮縮的當事人，購物買貴了一丁點也算損失；任性狂飆的富二代少年認為飆車玉石俱焚，根本不算損害。這使得在危機損害認定上，除了極嚴重的端點勉強有個普世共識外，真的要看當事人的主觀推定。

　　另外，在重大衝擊與震撼下，創傷後壓力症候（PTSD）在恢復常態前，價值觀與道德觀常會錯亂。921 震災後，不少存活災民以自殺終結生命；對他們而言，失去親友、失去財富、失去工作、沒有願景，自我傷害已經不算是個人危機，更不算是危機損害，乾脆一走了之，眼不見為淨。也因此，即使是同樣的危機及同樣的當事人，在不同的情境下去預判個人危機損害的程度，也會有不同的認定。

　　因此，在三維座標半量化的預判危機過程中，損害軸（B 軸）是否嚴重，端視當事人的價值觀與道德觀去認定。

第 20 單元　風險定義與預判風險等級

個人風險的類別
✓　個人正常風險：躺著也會中槍的結局，能否避禍（不是倖存，就是死亡） ✓　個人投機風險：沒事窮惹事的結局是兩極化（如豪賭不是傾家蕩產，就是贏回可觀財富）
✓　個人基本風險：不可能預防的危難（如遭遇地震被壓死） ✓　個人特定風險：可以預防的危難（夜路走多了，必會遇上……）
✓　個人主觀風險：非科學性的認定（如逢核必反、談核色變） ✓　個人客觀風險：科學化的研析判定（如飛機的重大飛安事故發生率）

　　在三維座標半量化預判危機中的風險軸（C 軸），絕對是可以理性量化的，不像時間軸（A 軸）與損害軸（B 軸）屬感性主觀的認定。何謂風險？風險與機率有何不同？風險的定義，指發生危機（如危及生命、財產）的機率，以發生危機次數為分子，執行特定行為動作為分母，所計算出的比例即為風險值 R。機率是中性的，如氣象預報明天下超大豪雨的機率是 80%。風險則指發生危機的機率，如超大豪雨中登山發生山難致死的風險值是 R：100%。

　　上揭框架中列出了個人風險的類別：正常風險與投機風險、基本風險與特定風險、主觀風險與客觀風險。以上三組風險類別各有兩個相互對應，卻互不隸屬的風險。例如：搭飛機因空難往生，屬個人正常風險而非投機風險、特定風險而非基本風險、客觀風險而非主觀風險。又如投資本益比無限大的生技公司，終日憂心血本無歸，則屬投

機風險而非正常風險、基本風險而非特定風險、主觀風險而非客觀風險。

　　工業革命以來的過往兩百餘年間，風險理論與計算也造就了很多相關的行業，甚至成為設計、製造產品必要之品質把關的顯學。保險公司保費的收款與理賠的放款，由風險精算統計制定；核能電廠的肇因分析，也基於風險理論。科技多元化的社會，政府為嚴格控管並規範各類社會活動，也是以風險值當作法規律定的主要依據。現代社會的法規設定諸多上限值，一旦超過上限值就「依法干預」介入，一般的「依法干預」警或風險值均設定在三千分之一 [註 42]。如騎乘機車風險高，故強制戴安全帽；超過輻射劑量上限值，主管機關勢必將依法干預，甚至關閉核能設施。

　　三維座標半量化預判的時間軸與損害軸，不但用五等分法去評估時間的緊迫性與損害的嚴重性，且評定的認知非常主觀。而風險軸（C軸）可依據客觀的數據統計資料，給予相應的評等。在第 18 單元曾提及風險五等分法彰顯了極高風險（10）—高風險（8）—中度風險（6）—低風險（4）—極低風險（2）—零風險（0），下列的公式可將「風險值」R 轉換成「風險評等」G：

風險評等 $G = K(1 - e^{-F \times R})$ ，正規常數 K=10，參數 F=10.536
　風險值 R=1，則 G=10
　風險值 R=0.01，則 G=1
　風險值 R=0，則 G=0　　　　　　　　　　　　　　　　　[2]

　　公式 [2] 有三組邊界條件：風險值為 100%（R=1）時，風險評等為五等分法頂端的極高風險（G=10）；風險值為 1%（R=0.01）時，五等分法風險評等介於極低風險與零風險之間（G=1）；風險值為 0%（R=0）時，當然為五等分法的零風險（G=0）。據此，可反推指數運算參數 F=10.536 及正規常數 K=10。

運用公式 [2]，可求解算出：

五等分法的極高風險（G=10）之對應風險值為 100%（R=1）；

五等分法的高風險（G=8）之對應風險值為 15.3%（R=0.153）；

五等分法的中度風險（G=6）之對應風險值為 8.7%（R=0.087）；

五等分法的低風險（G=4）之對應風險值為 4.8%（R=0.048）；

五等分法的極低風險（G=2）之對應風險值為 2.1%（R=0.021）；

五等分法的零風險（G=0）之對應風險值為 0%（R=0）。

　　至於普世用的警戒風險值 1/3000（R=0.00033，對應風險值為 0.033%），換算成風險評等，則為 G=0.035，接近零風險。

　　當媒體報導戰鬥機失事的即時新聞時，大家都非常關切捍衛領空的飛行官是否能安全逃生。事實上，承平時期戰鬥機的重大飛安事故（指機毀或人亡，但往往是機毀加人亡）的風險值非常低。近十年來，全球各國飛行部隊機毀、人亡的失事率（風險值）為每十萬飛行時數發生 3.7 次或 R=0.000037；沒有辦法作到零風險的主要原因，是戰訓任務難度高，訓練不踏實，極易釀成重大飛安事故。

　　儘管失事率非常低，但卻是年年累計；一名戰鬥機飛行官在他捍衛領空的飛行生涯中，累計的風險有多高？以全球戰力最強之一的某國空軍為例，主戰兵力含各型戰機 400 架，編制飛行官 500 名。飛行官二十年的飛行生涯中，總飛行時數約為 2400 小時（培訓飛行 500 小時加戰備飛行 1900 小時）。每位捍衛戰士每年的飛行時數有 2400/20=120 小時，全空軍每年飛行時數則為 120×500=60,000 小時。按全球失事率平均值推定，則每年有 3.7×6/10=2.2 次！換言之，500 名飛行官每年面對至少 2 次的重大飛安事故，誠所謂受命不辭，軍人本色，碧血長空的捍衛戰士，真是令人尊敬！

　　以我國為例，中華民國空軍恆受來自海峽對岸的武力威脅，飛行官的戰訓任務當然比任何國家的空軍都要來得難、來得頻，重大飛安事故當然也多。根據輔仁大學大傳系習賢德教授的調查報告，每十萬飛行時數的失事率在民國 40 年代（1951~1960 年）是 33.7 次，民國 50 年代（1961~1970 年）降為 14.1 次，民國 60 年代（1971~1980 年）

下降為 8.7 次，民國 70 年代（1981~1990 年）再降為 8.4 次。重大飛安事故率逐年降低，一方面是海峽兩岸軍情日漸和緩，另方面是我空軍加強並落實飛安文化，也致使民國 80 年代以來，我空軍的失事率已接近全球平均值 [註 43]。

注　釋

[註 35]　Stanley Dekoven, *Crisis Counseling*, pp. 128 (Vision Publishing, Ramona, CA, December 2003). ISBN 1-93117-884-4.

[註 36]　Lawrence G. Fine, *The SWOT Analysis: Using your Strength to overcome Weaknesses, Using Opportunities to overcome Threats*, pp . 78(Create Space Independent Publishing Platform, Colorado Springs, CO, October 2009). ISBN 978-144-9546- 75-5.

[註 37]　Richard Jafolla and Mary-Alice Jafolla, *Turn Around: When Your Life is in Crisis*, pp. 144 (C. W. Daniel, LA, December 2004). ISBN 0-85207- 360-7.

[註 38]　Dwight Furrow, *Moral Sounding: Readings on the Crisis of Values in Contemporary Life*, pp. 328 (Rowan and Littlefield Publishers, Chicago, April 2004). ISBN 0-74253-369-7.

[註 39]　Mark F. Friedman, *Everyday Crisis Management: How to Think Like an Emergency Physician*, pp. 274 (First Decision Press, Maperville, Il, September 2002). ISBN 0-97184-520-4.

[註 40]　Frank B. Gilbreth 著，海綿出版譯，《時間管理》，頁 256（海綿出版，臺北市，2010 年 8 月）。ISBN 978-986 -6340-46-8。

[註 41]　Kevin G. Chapman, *Identify Crisis*, pp. 304 (Xlibris, NYC, August 2003). ISBN 1-41340-225-9.

[註 42]　Louise Amoore, *The Politics of Possibility: Rsik and Security beyond Probability*, pp. 232 (Duke University Press and Books, Durham, NC, November 2013). ISBN 978-082-2355-60-1.

[註 43]　習賢德，「軍事新聞發布的表象與眞相：以 1950~1992 年中華民國空軍官兵公殞名單的調查分析爲例」，《1996 年媒介與環境學術研討會論文彙編》，頁 125-186（臺北市，1996 年 10 月）。

第 陸 章　個人危機預防

兵聖孫武《孫子兵法》謀攻篇
上兵伐謀，其次伐交， 其次伐兵，其下攻城。
個人危機新注《孫子兵法》
人與人衝突衍生的危機處置，最高明的是以謀略智取防患於未然，其次是以人際交往弭禍於無形，等而下之的是向對手叫陣，最要不得的是到對手陣營中交鋒。

預防勝於處置。個人危機若能事前做好預防措施，防患於未然，當可弭禍於無形。要事先做好防範，需先瞭解個人危機的核心關鍵，找到結、才能解，對症才能下藥。預防個人危機靠蓄養個人的戰力去加以防範，戰力等於個人靜態的實力與動態的能力之相乘：能夠加強結構性的個人實力與功能性的個人能力，方可擁有堅實的個人戰力去有效預防個人危機。

第 21 單元　找出個人危機的核心潛因

困境不必然衍生危機，但危機多由困境累積

~ 個人困境特質 ~

困境是長效期

處理困境，事緩則圓

困境處置不當，終會爆發危機

困境有預警

~ 個人危機特質 ~

危機是瞬間爆發

處理危機，快打速決

危機處置不當，不死也殘廢

危機無預警

~ 困境可預防 ~

反面案例：

✓ 課業幾乎都坐五望六

✓ 職場人際關係不好

✓ 敗盡家產，債臺高築

✓ 家庭成員長期不睦

~ 危機也可預防 ~

反面案例延伸：

✓ 最終導致退學

✓ 最後遭到解聘失業

✓ 最終走投無路，身敗名裂

✓ 最後悲劇收場

人生起起伏伏，總會不時地遇上一些問題，問題累積久了，變成困境；長期處於個人困境中，最後危機爆發衍生了災難性的後果。例如：相愛容易相處難，熱戀男女結成連理後，為了芝麻小事天天吵架，夫妻相處產生了習慣、認知上的落差，也衍生共同生活的問題。問題拖久了變成家庭成員長期不睦的困境，困境長久下去，最後家庭危機爆發以悲劇收場。

除了突發事故外，個人面臨的人生困境，其實都可以預防，更可避免危機的發生，但是得有方法 [註 44]。只要預防得法，困境不必然衍生危機，但個人危機多由困境累積而爆發。個人困境與個人危機的共同特質，如上揭所框列的案例，都可以事先預防；可見防患於未然的重要性，做好預防措施當可弭禍於無形。

　　在框架內也列出了個人困境與個人危機的相異點，它包括：(1)困境是長效期的，危機是瞬間爆發的；如家庭成員不睦長達數十年，最後竟是瞬間爆發衝突；(2)處理困境事緩則圓，處理危機快打速決；如家族不和既是長效期，就有的是時間去改善關係，但危機爆發時，必須明快處置，當機立斷；(3)困境處置不當，終會爆發危機，危機處置不當，不死也殘廢；如家庭成員不睦搞到水火不容，終釀成衝突，衝突未適當處置，最後以悲劇收場；(4)困境有預警，但危機沒有預警；如家庭成員從早吵鬧到晚，視同陌路，等同預告了家庭遲早要破碎，至於會不會釀成非死即傷的悲劇，則無從預知。

　　只要事前做好防範，困境不必然衍生危機，但要講求方法。例如：不夠用功，每逢考試課業都在及格邊緣坐五望六，只要立定決心用功努力，當可預防遭退學的個人危機。又如人際關係差，在職場老是與長官、同僚衝突，只要努力改善人際關係，當可預防遭解聘失業的個人悲劇。再如敗盡家產、債臺高築，只要量入為出、生活簡樸，當可預防被逼債逼到身敗名裂。

　　長期困境若能落實第 21 單元分析個人危機的形成潛因，當可對症下藥預防危機的發生。例如：課業差、考試常不及格，遭退學的危機就在眼前；檢討這種危機潛因不外：(1)當事人——自己不夠用功（60%）；(2)關係人——熱戀中的情人使自己分心（15%）；(3)事件——經常睡過頭蹺課（15%）；(4)實物——教科書遺失（5%）及(5)外力——車禍住院錯過考試（5%）。正確辨識遭退學的危機潛因，當事人自己不夠用功就占了 60%，其次是熱戀分心與經常蹺課各占 15%；要預防危機非常簡單：努力用功、與異性朋友互勉、全勤到課。

　　不過，該預防的措施也都做了，能不能防患於未然、弭禍於無形，顯然另有因素。猛然覺醒意識到，不努力用功必遭退學形成危機，但臨陣磨槍、不亮也光，是否能考試及格，沒人能保證。因此，預防個人危機成功與否，不能只分析危機形成潛因，再喊口號壯膽；預防危機的勝券，是操在個人預防戰力的大小。

　　任何個人危機，都有核心潛因，找到核心潛因並不難，難的是當事人有沒有戰力從核心潛因著手，有效預防危機。

第 22 單元　預防危機的實力、能力與戰力分級

表 9　誰有實力與能力預防危機

靜態實力			動態能力		
代碼	加總權重	要　項	代碼	相乘權重	要　項
V	0.2	基本潛能	L	1.0	態　度
H	0.2	健康體能	T	1.0	信　心
N	0.2	人際關係	M	1.0	企圖心
U	0.4	思維認知	Q	1.0	情緒控管

（作者製表）

　　預防個人危機有沒有預防戰力，不是感性喊口號的議題，而是理性檢視自己的問題。參考各國危機預防專家的心得 [註 45]，可以算出個人危機預防戰力 W：

$$預防戰力\ W = 靜態實力\ S \times 動態能力\ P$$
$$0 \leq S \leq 100，0 \leq P \leq 1 \qquad [3]$$

　　公式 [3] 等號右邊是個人危機預防的靜態實力 S 與動態能力 P，實力是結構性的靜態指標，介於 0 至 100 間；0 代表完全缺乏個人危機預防的靜態實力，100 代表靜態實力雄厚。至於個人危機預防的動態能力 P，則是功能性的動態指標，介於 0 與 1 之間；0 代表功能性的動態能力完全喪失，1 代表功能性的動態能力滿載。公式 [3] 內 W、S、P 的量化配分，均可用五等分法去分級評定半量化的等級，惟需注意功能性動態指標 P 是隨著時序的發展而有激烈的變化，如遇到凶險前後「判若兩人」、碰到危機「臨戰即潰」，危機預防的動態能

力，瞬間由滿載（P=1）變成崩解（P=0）。

上揭的表 9 內，列舉了個人危機預防的靜態實力與動態能力，各有四個要項：

$$靜態實力 = 基本潛能 + 健康體能 + 人際關係 + 思維認知$$
$$S = V + H + N + U，0 \leq V、H、N \leq 20，0 \leq U \leq 40 \text{ [4]}$$

$$動態能力 = 態度 + 信心 + 企圖心 + 情緒控管$$
$$P = L \times T \times M \times Q，0 \leq L、T、M、Q \leq 1 \qquad \text{[5]}$$

公式 [4] 說明了個人危機預防的靜態實力四大結構性的要項：基本潛能、健康體能、人際關係、思維認知。基本潛能 V（0~20）指求生存、求安全的生物本能；健康體能 H（0~20）指是否具有良好的健康及壯碩的體能；人際關係 N（0~20）指是否與人互動良好、貴人是否願相挺；思維認知 U（0~40）的權重最大，專指溝通、談判能力與常識、知識的淵博。社會的菁英通常具有高度的求存潛能（V=20）、健碩的體格（H=20）、良好的人際關係（N=20）、超強的思維認知（U=40），按照式 [4] 加總，社會菁英的個人危機預防之靜態實力 S=20+20+20+40=100 滿分百分百。反之，如重度身心障礙者，其個人危機預防之靜態實力要項樣樣缺，遇到危機 S=0，毫無預防的靜態實力。

公式 [5] 說明了個人危機預防的動態能力四大功能性的要項：態度、信心、企圖心與情緒控管。態度 L（0~1）指是否能積極面對恐懼與焦慮；信心 T（0~1）指是否具自信、信仰與信心；企圖心 M（0~1）指是否具有旺盛的鬥志可堅持到底；情緒控管 Q（0~1）指是否具有冷靜、穩健的心境面對個人危機。個人危機控管高手當然具有正確的態度（L=1）、強烈的信心（T=1）、旺盛的企圖心（M=1）及優質的情緒控管（Q=1），則他的個人危機預防之動態能力 P = 1 × 1 × 1 × 1 = 1 滿分。反之，信心潰散下個人危機預防之動態能力要項樣樣歸零，面對危機 P = 0，毫無預防之動態能力。

需注意結構性的靜態實力是各要項加總，而功能性的動態能力是各要項相乘；靜態實力各要項若有短缺，尚不會導致靜態實力完全崩解，那些沒短缺的靜態實力要項加總後還有些許得分；但動態功能性要項中只要一有短缺，相乘後必造成動態能力的崩潰。另外，只要動態能力 P 崩潰，個人危機的預防戰力 W（=S×P）跟著就因 S 與 P 相乘而造成全戰力瓦解。

個人危機的預防戰力，等同於執行個人危機預防措施的成功率 E：

$$執行成功率 E=（預防戰力 W/100）\%$$
$$E=（W/100）\% \qquad\qquad [6]$$

用五等分法做半量化分析，假定當事人的基本潛能極高（V = 10/10 × 20 = 20），但健康體能極差（H = 2/10 × 20 = 4），人際關係極差（N = 0/10 × 20 = 0），思維認知尚足（U = 6/10 × 40 = 24），當事人的預防靜態實力依公式 [4] 為 S = V + H + N + U = 20 + 4 + 0 + 24 = 48。

再假設當事人面對個人危機的態度極差（L = 2/10 × 1 = 0.2），但自信心強（T = 8/10 × 1 = 0.8），企圖心極旺（M = 10/10 × 1 = 1），惟情緒控管低劣（Q = 4/10 × 1 = 0.4），則當事人的動態能力依公式 [5]，只有 P = L × T × M × Q = 0.2 × 0.8 × 1 × 0.4 = 0.064。

當事人的預防戰力依公式 [3] 為 W = S × P = 48 × 0.064 = 3.1，真的非常差，而當事人執行預防措施的成功率 E 依公式 [6]，也只有 E =（W/100）% = 3.1% 而已。

第 23 單元　個人危機預防的靜態實力

<table>
<caption>表 10　個人危機預防的靜態實力評量表</caption>
<thead>
<tr><th>要項</th><th>配分</th><th>子項</th></tr>
</thead>
<tbody>
<tr><td rowspan="4">基　本
潛　能</td><td>5</td><td>具求生的堅強意志力</td></tr>
<tr><td>5</td><td>具艱苦地區野外求生的技巧</td></tr>
<tr><td>5</td><td>具自救、救人、求救能力</td></tr>
<tr><td>5</td><td>四十種急救知識及方法</td></tr>
<tr><td rowspan="4">健　康
體　能</td><td>5</td><td>具醫護藥理常識並經常運動</td></tr>
<tr><td>5</td><td>規律的生活與正常的作息</td></tr>
<tr><td>5</td><td>具游泳技巧（長泳、水上耐久漂浮）</td></tr>
<tr><td>5</td><td>具自衛技巧（摔角、擒拿、奪刀槍）</td></tr>
<tr><td rowspan="2">人　際
關　係</td><td>10</td><td>充沛的人脈，總有貴人出面相挺</td></tr>
<tr><td>10</td><td>擁有可交心的親友，鼎力協助</td></tr>
<tr><td rowspan="6">思　維
認　知</td><td>5</td><td>具邏輯推演力可擬定決策循環專案</td></tr>
<tr><td>5</td><td>能與親友、同僚協調溝通</td></tr>
<tr><td>5</td><td>具與對手談判能力</td></tr>
<tr><td>5</td><td>具領袖特質能率領群體有效運作</td></tr>
<tr><td>10</td><td>有知天、知地的一般常識</td></tr>
<tr><td>10</td><td>有包山、包海的專業知識</td></tr>
<tr><td>靜態實力</td><td>100</td><td>上述各要項的子項配分加總</td></tr>
</tbody>
</table>

（作者製表）

　　個人危機的預防戰力 W，依公式 [3] 由靜態實力 S 與動態能力 P 相乘而得，個人危機預防的靜態實力，由四大要項加總而成，依公式 [4] 分別為基本潛能 V、健康體能 H、人際關係 N 及思維認知 U。表 10 再列舉了靜態實力所涵蓋四大要項下的十六個子項，加總後構成個人危機預防的靜態實力完整版。每個子項的配分，亦可用半量化的

五等分評定等級。

① 基本潛能 V（0～20）

基本潛能包括求生的意志力（0~5）、野外求生技巧（0~5）、自救、救人與求救的能力（0~5）、四十種急救知識及方法（0~5）。一般人很少學習急救知識與急救方法，不過這四十種常用的急救知識與方法，已成為國際紅十字會認定成年人應具備的基本潛能，不但用於自救還可以救人 [註46]。至於四十種常用急救知識與急救方法，將在下一章再述。

② 健康體能 H（0～20）

健康體能包括醫藥常識與適度運動（0~5）、規律正常的生活作息（0~5）、具備游泳存活技巧（0~5）及自衛防身術（0~5）。其中游泳技巧至少應包括水上耐久長泳（主動求生）及耐久漂浮（等待救援），自衛防身術則包括摔角、擒拿、奪刀、奪槍等近身防衛技巧。

③ 人際關係 N（0～20）

人際關係包括充沛的人脈以致總有貴人出面相挺（0~10）、擁有可交心的朋友，願兩肋插刀鼎力相助（0~10）。「在家靠父母、出外靠朋友」、「遠親不如近鄰」，朋友、鄰居願挺身出面替你解危，完全看當事人平日經營的人脈 [註47]。

④ 思維認知 U（0～40）

思維與認知可以拆開敘述。思維包括邏輯推演能力（0~5）、協調溝通能力（0~5）、談判能力（0~5）、領導統御能力（0~5）。認知則包括一般常識（0~10）與專業知識（0~10）。思維認知都是內

藏的隱性靜態實力，一旦透過表達與行動，就形成外露的戰鬥力。

個人危機預防實力評量表中，知識與常識就占了 20%，事實上，靜態實力四大要項都與它有關：基本潛能需要一般常識，健康體能需要專業知識，人際關係就更需要一般常識，思維認知則何嘗不需要專業知識？那要如何累積個人的知識與常識，充實個人危機預防的靜態實力？這可從⑴方法；⑵態度及⑶避諱三個面向，去精進一般常識與專業知識 [註 48] ：

① 學習最有效的方法

除了高等教育的正規教育（指研究所碩、博士班的專業知識學習與研究，及大學部一般常識的傳授），最有效的學習方法就是多聆聽智者的演講以充實自己。「與君一席話，勝讀十年書」，智者的演講與對話，猶如啟蒙的恩師在醍醐灌頂。惟聆聽智者的談話，機緣終究有限，倒不如平日就大量閱讀有益的文章。試想想，每個週末讀一本好書，十年就超過五百本，如此勤學增進自己預防危機的實力，當不在話下。

② 學習應秉持的態度

對年輕朋友說教：「學如逆水行舟，不進則退」，已經沒人可聽得進去。但是，換個方式和年輕朋友對話：「書，讀得愈多，才驚覺自己懂得愈少！」卻普遍獲得共鳴與迴響，誠所謂「學，然後知不足，學無止境」。學習應秉持的，是嚴謹、戒慎的治學態度，有一分證據，就說一分話；觀察入微、見微知著的虛心求學精神，也就是「處處留心，皆為學問」。這樣，生活才豐富，人生才多采多姿。

③ 讀書人迂腐的忌諱

書讀太多不但變成書呆子，也非常可能變成知識怪物；為了避免陷入讀書人的迂腐，一定要學習謙卑。最忌諱的就是書呆子的偏執心態：人人都錯，只有我對。其次要避諱的，是別樣樣裝懂，亂掰硬拗，把自己神格化為「東西方不敗」，徒落人笑柄。最後，千萬別把自己不懂的當作從不存在，充耳不聞、視若無睹。

有了知天又知地的一般常識和包山也包海的專業知識，不但可大幅增進個人危機預防的靜態實力，更可使人生更安全且充滿自信。

第 24 單元　個人危機預防的動態能力

個人危機預防需具備的功能性動態能力	
L 態度	以積極、正面態度克服畏懼、焦慮、怨懟、悲慟
T 信心	有自信、有信仰、有信心勇往直前
M 企圖心	具旺盛企圖心、堅持到最後一刻
Q 情緒控管	能控管情緒，以冷靜、穩健心境建構預防措施

　　個人危機預防戰力正如同武裝部隊一樣，需同時具有結構性靜態的實力（如武器、裝備）與功能性動態的能力（如演訓、士氣）。若武裝部隊的疏忽演訓、士氣潰散，完全失掉動態能力，即便擁有先進的靜態實力，再炫耀的武器、裝備，也不過是成堆昂貴的廢鐵 [註 49]。故而，個人危機預防僅有豐沛的靜態實力仍然不夠，還要有高強的動態能力相輔相成。試想，具有「學富五車」的學者，待人謙和，又是體壇泳將，可謂靜態實力雄厚；若他天生膽怯，遇上強盜打劫嚇到屁滾尿流、全身發抖，完全喪失動態能力，亦即 P=0，則預防危機對這種社會菁英學者而言，還是戰力歸零 $W = S \times P = S \times 0 = 0$。可見個人危機預防的功能性動態能力，何其重要。

❶ 個人危機預防的動態能力（一）： 態度

　　很多危機就是因為當事人「不動如山、難知如陰」，具有積極、正面、穩健的態度而大事化小，但也有不少人在危機當頭時「六神無主、腦袋空空」，愈弄愈糟以致災難擴大，就是肇因於畏懼、焦慮、怨懟、悲慟的消極態度。也可以這麼說，能否有效預防危機，態度決定一切。最好是具有鋼鐵般的意志力，什麼都不怕，有「天塌下來有我扛」的豪情壯志，個人危機預防必定有譜。

② 個人危機預防的動態能力（二）： 信心

信心包括自信、信仰與信心三合一，三者都有「信」字，但與軍中強調團結的「三信心」稍有不同。袍澤情、團結心的三信心指信任自己、信任長官、信任部屬。預防危機的動態能力，則強調自信，相信自己、不會欺騙自己；強調信仰，相信老天一定會給各種辦法來預防危機；強調信心，相信自己總會想出有效對策去預防危機。自信、信仰與信心都是心靈的磐石、精神的支柱，是無形的能力；有了它，誠之所至，金石都為之開裂 [註 50]。

③ 個人危機預防的動態能力（三）： 企圖心

危機爆發的肇因非常複雜，但是當事人若缺乏企圖心，不能堅持到底，就是最大的肇因。「為山九仞、功虧一簣」、「降齡何促、功敗垂成」都是缺乏旺盛企圖心的成語。預防危機措施只要秉持「做好做完」一切盡其在我，就是最起碼的企圖心。

④ 個人危機預防的動態能力（四）： 情緒控管

諸多個人危機中，「臨危不亂」、「指揮若定」就是危機處置高手的情緒控管表徵。控制情緒，喜怒哀樂不形於色，外表夠「酷」，就是情緒控管拿高分的門檻。以如此冷靜、練達的心境去預防危機，定能做到「履險如夷」的境界。

人生無常，危機往往以「晴天霹靂」震撼之勢衝擊當事人；若能平時就孕育積極的態度、建置信心、蓄養旺盛的企圖心、加強情緒控管來預防危機，定能達到防患於未然、弭禍於無形的危機預防目標。

注　釋

[註 44]　Karen Revich and Andrew Shatte, *The Resilience Factor: Seven Keys to Finding Your Inner Strength and Overcoming Life's Hurdles*, pp . 352 (Broadway, NYC, October 2003). ISBN 0-76791-191-1.

[註 45]　Nikolaus Blome 等著，張淑惠譯，《危機處理高手梅克爾》，頁 268（大牌出版，臺北市，2014 年 7 月）。ISBN 978-986-5797-22-5。

[註 46]　Kathleen A. Handal, *The American Red Cross First Aid and Safety Handbook*, pp. 384 (Little, Brown, NYC, May 1992). ISBN 0-31673-646-5.

[註 47]　Lennis G. Echterling, Jack Presbury, and Edson McKee, *Crisis Intervention: Promoting Resilience and Resolution in Troubled Times*, pp. 288 (Prentice Hall, NYC, August 2004). ISBN 0-13090-897-5.

[註 48]　Bob C. Cleckler, *Lets End Our Literacy Crisis*, pp. 360 (American University & College Press, Washington D.C., February 2005). ISBN 1-58982-230-7.

[註 49]　Edgar F. Puryear Jr. 著，陳勁甫譯，《為將之道》，頁 411（麥田出版，臺北市，2002 年 5 月）。ISBN 986-7895- 05-3。

[註 50]　橫山信弘著，陳昭蓉譯，《絕對達成：每年改變 5 千人的專家，教你用科學方法，建立自信，創造成果》，頁 200（先覺出版，臺北市，2013 年 10 月）。ISBN 978-986- 1342-20-7。

第 柒 章　個人危機應變準備

兵聖孫武《孫子兵法》九變篇

無恃其不來，恃吾有以待之；
無恃其不攻，恃吾有所不可攻也。

個人危機新注《孫子兵法》

切勿認爲危機從不上身，而應時時做好危機應變準備以因應；更別企盼對方佛心湧現不欺負我，而是要讓對手知曉我有萬全的應變準備，以嚇阻對手出招造成危機。

個人危機預防勝於處置，但一旦預防失敗或無從預防，還是要面對危機應急處置。為了處置危機，必須做周全的應變準備。準備一定要有計畫、有演練、有備案，資訊時代蒐集可供研析的資訊趨向精準，實在沒必要浪費精力搞「料敵從寬、律己從嚴」，應轉型為精準務實的「料敵從適、律己從實」以節約資源。個人危機應變準備，首重攸關生死的求生必備品與急救知識，以達致周全的應變準備。

第 25 單元　有備才能防患未然

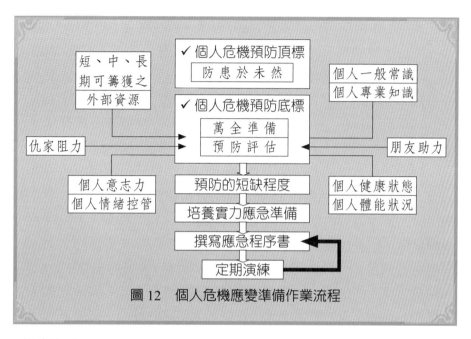

圖 12　個人危機應變準備作業流程

（作者繪圖）

　　個人危機能夠預防成功而免於面對危機去應急處置，能做到防患未然算是「頂標」。然而，就算個人危機預防戰力 W=100 百分百，預防措施執行的成功率 E=100% 也是百分百，但諸多外部因素當事人無法控制，並不保證危機不會發生！因此，個人危機預防需作萬全的準備，也就是及格門檻的「底標」。上列圖 12 展示了個人危機應變準備的作業流程，第陸章探討的靜態實力與動態能力，包括個人一般常識、專業知識、朋友的助力、健康體能、意志力、情緒控管等作為輸入項，評估自己還缺什麼。另外，短、中、長期可籌獲的外部資源（如借款）與仇家阻力（如競逐者卡位）也列為輸入要項，評估既有預防戰力的增減。

　　一旦發現預防戰力有所不足，依據短缺的程度，按照圖 12 去培養實力應急準備，撰寫簡易程序書、定期演練；再依演練檢討據以修

定程序書，應變準備才算完備。

人與人衝突衍生的個人危機，若當事人有了周全的應變準備去彌補預防戰力的不足，即可運用「嚇阻」理論，讓對手望而卻步，弭禍於無形 [註 51]。國與國間的嚇阻理論，有三個要件，用在防範個人危機也一體適用，這三個要件英文字頭都有 C，也稱為 3C 嚇阻要件，即(1)周全的應變準備實力（Capability）；(2)過往防患於未然、弭禍於無形的實績（Credibility）；(3)預防戰力與準備向對手明示（Communication）。因此，應變準備在個人危機控管中具有關鍵地位。

假設個人危機的預防戰力低落，如第 22 單元的案例所述，戰力只有 W=3.1 分，顯然當事人幾乎無能力預防危機的發生。既然危機要爆發，那就得針對危機做萬全的應變準備。在策略上，老祖宗的兵書總是以「料敵從寬、律己從嚴」作為武裝部隊戰備訓練的準則，這個準則一向被國內外的危機管理高手視為應變準備的圭臬 [註 52]。問題是，除非你坐擁金山銀礦，有耗不盡的資源去作「料敵從寬、律己從嚴」漫無止境的應變準備，否則，老祖宗的諍言，只是理想，聽聽就好。

在務實面想要做到「料敵從寬」的應變準備，必然會弄成處處提防，備多力分，等同於無防；想要達致「律己從嚴」只會累死、忙死、搞死自己。個人危機應變準備所投注的心力與資源，一開始呈正相關性，即準備愈充分就愈能應付危機；但是到某個水平後一定衍生邊際效應變差，再投注更多的心力與資源，應變準備的力道就再也不會相應成長。因此，應變準備需作「性價比」（Cost-Performance Ratio，俗稱 CP 值）之最適化、實施恰到好處的整備，千萬別盲目誤信「料敵從寬、律己從嚴」的準則。

在資訊時代，要「知己知彼」不難，獲得相關的資訊管道已趨向多元化、多樣化。因此，資訊時代個人危機應變準備的原則，是「料敵從適，律己從實」。從適，指預判敵情不求多但也不可少；從實，指自己投注的心力與資源要恰如其分，一丁點都不浪費。

第 26 單元　應變準備計畫

應變計畫不需複雜到有 18 套劇本，你只需要 2 套			
劇本	想定	狀況	考量的關鍵因素
天案	最壞的結構	最糟的推演	可用資源，可行性，成功率，損害程度
地案	最好的結構	最佳的推演	

　　個人危機的應變準備計畫，都是根據所能預想危機的情境據以編定 [註 53]。預想危機的情境可以根據結構性靜態的想定與功能性動態的狀況來推定劇本。個人危機，沒有國家危機來得複雜多變，當事人面對個人危機，不需要搞出 18 套劇本去編定應變準備計畫，你只需要 2 套：從光譜的兩極端點，去編定應變計畫，如上所框列的天案與地案 2 套劇本。天案劇本，指個人危機將面臨最壞的結構與最糟的推演；地案劇本，指個人危機將面臨最好的結構與最佳的推演；其他你能勾勒到的想定與狀況，都脫離不了天、地兩案之間的情境。

　　比方說，面臨即將發生家人離異的個人危機，諧星泰斗天案劇本的落幕，最終就是上吊自縊；地案則是痛改前非、破鏡重圓。如果當事人能「料事如神」，則兩極化的天、地案可融合為一個精準的混合劇本，當事人就能據以準備應付危機。不過，在設定天、地兩案之後，不時還要考量最新的情況與變化，隨時修正應變計畫；否則，「計畫永遠趕不上變化」。在草擬應變計畫時，除了參考天、地案的劇本外，還要考量手邊可用的內部及外部資源（如皮夾內的現金及可以向友人商借的周轉金），計畫的可行性與成功率，以及計畫最終失敗時，危機所造成的損害程度。

　　應變準備計畫完全是為了應付個人危機，在預想危機可能帶來的衝擊範圍內，即最壞的天案及最好的地案間，照計畫做應可履險如

夷。例如：面臨仇家追殺、行刑式的滅門危機，要避禍、甚至逃亡，都得要有計畫；如果涉及到全體家族成員扶老攜幼一齊上路，恐怕還要編定「簡易作業程序書」據以執行。千萬不要忽視「簡易作業程序書」的重要性，若沒有它，只是隨興想到什麼才做什麼，難免掛一漏萬，最後全盤皆輸。

要如何編寫應急「簡易作業程序書」？不妨參考你手邊家用電器的操作手冊或使用須知，就是編寫「簡易作業程序書」很好的範例。一份周全的應急「簡易作業程序書」，至少應考量如下四點 [註54]：

❶ 編寫應急簡易作業程序書之目的是

編寫周全的應急步驟，避免臨危慌亂，導致危機處置失敗。

❷ 編寫應急簡易作業程序書是要防止

憑記憶而非憑技令，照習慣而非照程序，靠態度而非靠制度，講人治而非講法治。

❸ 編寫應急簡易作業程序書的特質有

按時序編寫的程序即步驟，絕不可顛倒，依決策樹生長次序編列（如根長幹、幹生枝、枝冒葉），不可錯亂。

❹ 編寫應急簡易作業程序書應有的內容

需有負責人（個人危機的當事人），明確的資源出處，流暢的通聯機制，應急選項備案，詞句簡明易懂，邏輯推理通順。

世界天天都在變，「簡易作業程序書」須隨時修正；「簡易作業程序書」初稿不可能周全，故需演練去驗證是否可行。魔鬼通常躲在

易遭忽略的細節內，一旦發現「簡易作業程序書」窒礙難行或不可行，回過頭來就得修改「簡易作業程序書」。談到演練，就如同部隊演習，一定要與想定狀況所推定的天、地案劇本，照著真實情境推演，絕不能搞演習秀、擺練、或是「藍（我）軍必勝、紅（敵）軍必敗」鄉愿心態。另一個豐富生活的作法，是將圖12的定期演練，視同獨身休閒活動，再與親友併同進行雙（多）人組合演練，記得要帶著敵情嚴肅演練，演練時切忌輕佻嬉笑。

昏暗中若有照明，將可避開多種危機。問題是你多久沒在漆黑中，拿著滿格電池的手機立即照明？以下試著將「應急照明作業程序書」編寫如下：

A. 手機置於垂手可得之處（如掛在腰際）。

B. 熟悉在全黑中使用手機照明按鈕，每週擇一日就寢前演練。

C. 備用的電筒、電池置於玄關可及處，並重複步驟B。

D. 每個月的月底半夜如廁時，演練全黑中用手機應急照明。

E. 步驟B、C、D發現照明度減半時，立即充電。

應變準備計畫中，簡易作業程序書的編寫絕不可省；簡易作業程序書最特殊的一類，就是生前預立遺囑。隨著民風轉變、社會開放，不但長輩不再忌諱討論往生，時下年輕人對生死學、預約死亡等課題日益關注。預立遺囑，已不再被認為是觸霉頭的大事[註55]。不過，預立遺囑需注意法律效力，以免像某企業大老的預立遺囑，亡故身後又引發後代的奪產風暴，造成遺眷成員的個人危機。

我國《民法》規定：年滿16足歲方能預立遺囑，遺囑包括五種方式：密封、公證、自撰、代筆及口授；前兩種必須公證，後三種最好也公證。另需注意「代筆」需手書，不可打字列印，否則無效。遺囑內容一定要含法律規範允許的分配，以及身後意願的表達兩項。如傳統狹義的遺囑，包括合乎《民法》規定的財產分配與訓勉子孫家和萬事興等。其他如未成年子女由誰監護、器官是否捐贈、喪葬如何辦理、遺願如何執行，都可列入遺囑中。

為死亡預先做好準備，愈來愈常見。除了預立遺囑外，應急簡易作業程序書內，不妨把保險箱鑰匙、保險合約、銀行帳戶密碼等列入

「留交」，讓遺囑執行監察人、法定繼承人、直系親屬或受益人於必要時，可依遺囑支配遺產。再次提醒，「變化永遠趕不上一通電話」，不論是簡易作業程序書或是遺囑，都要定期檢視，看看是否需因應外部情勢變化而做更新，增刪（如子女不孝則預先捐財產作公益，或更改密碼），否則，只會產生更多的困擾，替遺眷製造危機。

第 27 單元　個人求生必備品與急救知識

表 11　個人隨身、居家求生必備品		
手機與充電器	應急現鈔	登山防水鞋
墨鏡	萬能瑞士刀	防寒大衣
筆型電筒電池	摺疊式剪刀	粗、細繩索
掌上型鏡面	摺疊式斧鋸	火柴及蠟燭
童軍口哨	三日份存糧食水	軍用杯、壺
個人常用藥品	蓋頭雨衣	體溫計
傷口處理劑（優碘）	防晒遮帽	小塊肥皂
抗組織胺軟膏	可攜式睡袋	消毒用酒精
抗生素藥膏	可攜式蚊帳	消毒紗布及繃帶
棉棒與急救繃	個人帳篷	迷你別針

（作者製表）

　　個人危機最大的威脅是死亡，若無法存活，再多的財產、尊嚴與地位，都是空的。面對生死交關時刻，要懂得自救才能救人，而個人求生必備品與急救知識，就是當事人自救的兩項有形及無形尚方寶劍。

　　表 11 列舉三十種個人隨身與居家的求生必備品。這些必備品可再分為兩類，一類是輕、薄、短、小方便隨身攜帶，一類是體積、重量大到只能置於居家櫥櫃中。

❶ 第一類：個人求生隨身必備品

　　隨身必備品指可以掛在身上、放入口袋或至少可置入背包、手提包中，不可或缺的求生用品 [註 56]：

㈠ 手機與充電器

　　求救需要對外通聯，最好用的當然是隨身攜帶的手機，充電器記得要隨身帶。

㈡ 墨鏡

　　在海灘上或白雪中，特別是強烈日照下，為保持良好目視能力必須要有太陽眼鏡；若你有戴近視眼鏡的習慣，改用可變色澤的近視眼鏡。

㈢ 筆型電筒、電池

　　漆黑中緊急照明可避開多種危機。手機固然可照明，但它的核心功能是通聯，持久照明最好使用電筒方為正確選擇。電筒要迷你到可隨身攜帶，就得使用鋼筆型迷你電筒，還記得要攜帶備用電池。

㈣ 掌上型鏡面

　　女性化妝盒內的鏡面，或摺疊式銅板大小的鏡面，在危難時可靜默向遠方求救。使用鏡面反射光源（如日光、月光）指向執法者或施救人員，引起注意前來搭救。

㈤ 童軍口哨

　　口哨已成為山難、海難受難者求救的必備求生工具，在防範歹徒施暴侵襲時，也可用口哨呼救，引起近距離內旁人的注意。

㈥ 個人常用藥品

　　如急救用的糖尿病胰島素、氣喘用的吸入劑、心肌梗塞急救用的血管擴張劑、減緩痛風的秋水仙素；自己的痼疾只有自己知道，救命的常用藥品記得要隨身攜帶。

(七) 傷口處理劑、抗組織胺軟膏、抗生素藥膏、棉棒與急救繃

　　出門在外，難免遭蚊蟲叮咬、擦撞破皮流血受到傷害，若提包內攜帶瓶裝雙氧水、優碘等傷口處理劑，用棉棒沾濕，即可清理傷口。若遭蚊蟲叮咬，敷上抗組織胺軟膏；若出血性受傷，在處理傷口且止血後，敷上抗生素藥膏，貼上急救繃（俗稱 OK 繃），防止傷口發炎潰爛。

(八) 應急現鈔

　　身無分文，足以困死英雄好漢！多少現鈔才夠，看你要脫困自救的情況而定。以今天的標準而言，短程大眾運輸車資加餐飲，至少百元起跳。在國外，記得要帶萬國通用的美鈔應急。

(九) 萬能瑞士刀、摺疊式刀、斧、鋸

　　這些五金工具器材不但可用來破壞門窗逃生，也可用來製作簡易求生物件（如漂筏），更可作為防身武器；目前迷你型的刀、斧、鋸，都製作得非常精緻，摺疊後均可置入提包中。

② 第二類：居家求生必備品

　　有些個人求生必備品論體積、重量，都不適合隨身攜行，但是應急時它又不可或缺，故居家生活記得要儲存以下的求生必備品 [註57]：

(一) 三日份口糧與飲用水

　　還記得 921 大地震後，有錢也買不到任何應急求生物資嗎？按家庭人口計，須儲存全家三日份口糧與飲用水應急，要注意保存期限，定期更新。

㈡ 蓋頭雨衣及防晒遮帽

天有不測風雲，出門時看天氣、聽預報，下雨時穿著蓋頭雨衣，才不會妨礙豪雨中視線，強風豪雨則不宜撐傘。烈日強光下應戴防曬遮帽，防止頸部、耳際、鼻端曝晒過度，免生皮膚癌。

㈢ 可攜式睡袋、蚊帳及帳篷

出外旅遊特別是野外活動，這三件都是必備品，樣樣不能少，用以防雨、防晒、防寒、防昆蟲動物侵襲。平常居家生活，睡袋與棉被可交錯使用，蚊帳及帳篷要定期曝晒以防潮發霉，保持堪用程度。

㈣ 登山防水鞋及防寒大衣

濕冷的天氣，身體需保持溫暖乾燥；特別是野外活動時，居家常用的防寒大衣及登山防水鞋，就可派上用場。

㈤ 粗、細繩索

兩捆各長十公尺的繩索，居家備而不用。粗要粗到可以用來緩降逃生，細要堅固到可捆綁寄運的行李物件；粗的用童軍繩，細的可用電話線取代。求生時，繩索的用處非常多，除了前述的緩降，還可用來作渡河索、設埋伏攔截索、捆綁物件，甚至捆綁歹徒。

㈥ 火柴及蠟燭

夜間照明除了手電筒，還有傳統的火柴及蠟燭。手機、電筒可照明但不能生火，火柴卻可以；故有了火柴，就有了火種。燃燒濕材，可生濃煙求救（或驅蚊蟲），點燃營火，可取暖防動物侵襲。蠟燭除了可點燃照明，蠟油也是很好的代用潤滑劑。

㈦ 軍用杯、壺及小塊肥皂

與常用的茶杯、水壺迥異，軍規級的杯、壺（兩者可組合方便攜帶），係鐵鋁合金的製品，可作為鍋、盆烹煮熱食。方便攜帶的小塊

肥皂不必說，是用來清潔身體、洗滌物品的。

(八) 體溫計、酒精、紗布、繃帶、迷你別針

　　是否生病發燒，用體溫計度量就知道；酒精可作為應急手術器皿消毒用，也可用較昂貴的烈酒當替代品。紗布、繃帶及迷你別針，均為處理大出血傷口的護理必備品。

　　上述兩類個人求生必備品的儲存，需注意以下六點：
　　1. 儲存地點需明確且易取得，包裝要穩固。
　　2. 留意保存期限，適時更換補貨。
　　3. 定期測試效能，若有更好用的商品上架，則替換之。
　　4. 手機需預先輸入緊急通聯號碼。
　　5. 儲存需適量，不可過多、過少。
　　6. 搭乘飛機時，需注意刀、利剪、鋸、斧不可隨身攜帶。
　　除了求生必備品，「人有旦夕之禍」，萬一自己身體出現生死交關的毛病，當事人如何自救？或如何搶救周邊命在旦夕的老弱、嬰幼兒或親友？表 12 列舉了四十種需要立即施救（急救）的常見急性症

表 12　需要施救的 40 種常見急性症狀

食道打嗝	暈車船機	閃腰扭傷	常流鼻血
便祕痔瘡	酷熱中暑	抽搐痙攣	狂犬咬傷
異物入眼	凍瘡凍傷	關節脫臼	毒蛇咬噬
耳朵堵塞	喝茫宿醉	踩空跌倒	觸電電擊
仰臥鼻塞	燒傷燙傷	手腳骨折	失足溺水
久咳不止	魚刺在喉	刀割槍傷	癲癇發作
吸入毒氣	牙齦酸痛	食物中毒	心臟病發
嗆吸濃煙	腹痛如絞	誤吞異物	腦部中風
貧血暈眩	上吐下瀉	誤飲液汁	眼球刺穿
肌腱抽筋	恍神昏迷	誤食藥物	咯血不止

（作者製表）

狀，表中由左到右、從上到下，症狀逐漸嚴重；在來不及送醫搶救之前，就必須現場立即施救 [註 58]。如果你自己曾遭遇過表列的任何一種症狀而又不會自救，建議你選修護理相關課程，或赴區域醫院、醫學中心修習急救課程。懂得如何自救，才能奢談救人；「生死一線間」不是開玩笑的。舉例來說，溺水的親友被拖上岸奄奄一息，在場所有的旁觀者，居然沒人懂心肺復甦術，只能眼睜睜地看著危機發生而束手無策！

　　個人求生必備品是生死交關的硬體，急救知識是生死交關的軟體。有了軟體、硬體防身，個人危機從不上身。

注　釋

[註 51] 張延廷著，鍾堅編，《國防通識教育上》，頁 228（五南出版，臺北市，2007 年 1 月）。ISBN 978-957-11-4491-6。

[註 52] Sarah Franklin, *Crisis!*, pp. 256 (Ulverscroft Large Print, LA, April 2004). ISBN 1-84262-285-4.

[註 53] David Alexander, *Principles of Emergency Planning and Management*, pp. 340 (Oxford University Press, London, March 2002). ISBN 0-19521-838-8.

[註 54] Chien Chung, "*Military Culture and Air Force Restructuring*", Chapter 11 in *Taiwan's Security and Air Power*, Martin Edmonds and Michael M. Tsai, edited, pp.155-162 (Routledge Curzon, London, December 2003). ISBN 0-415-32317-7.

[註 55] Lawrence W. Dixon, Wills, *Death, and Taxes*, pp. 184 (Littlefield Adams, LA, June 1977). ISBN 0-82260- 228-8.

[註 56] Peter Ruff and Khalid Aziz, *Managing Communication in a Crisis*, pp. 192 (Grower Publishing, NYC, April 2004). ISBN 0-56608-294-2.

[註 57] 鍾堅編，《野外求生》，頁 142（五南圖書，臺北市，2007 年 3 月）。ISBN 978-957-1146-92-8。

[註 58] Barry Davis, *The Special Air Service (SAS) Escape, Evasion, and Survival Manual*, pp. 274 (Motorbooks International, Osceola, WI, July 1996). ISBN 0-7603-302-9.

第 捌 章　個人危機防衛措施

兵聖孫武《孫子兵法》兵勢篇

故善戰者，求之於勢，不責於人，
故能擇人任勢……
故善戰人之勢，
如轉圓石於千仞之山者，勢也。

個人危機新注《孫子兵法》

所以個人危機控管高手，一定會建構防衛措施，以有利的態勢逢凶化吉，而不依賴仰仗他人解危，反而會運用人脈創造利己時勢……故而營造有利態勢的個人危機控管高手，如同把滾石從千仞的山頂向下推，其勢不可當，當然也就能弭禍於無形。

　　個人危機預防及應變準備，預防是概念，準備是實踐：惟「萬全準備」，只是理想，面對潛在的危機，心緒還是一片茫然。新手駕車上路危機重重，即使做好預防措施及應急計畫，還是邊開邊擔心，緊張驚懼。與其杯弓蛇影，不如實踐「防衛駕駛」的保守習慣，自可避開車禍。因此，本章不奢談承先啟後、經世致用之做人處世的大道理，前輩們經歷了各種危機，所累積的實戰經驗都列在本章內，在健康攝食、財務經濟、生活居住、行旅育樂四方面，累積的經驗可作為個人避開危機的防衛小祕訣。

第 28 單元　個人健康攝食防衛措施

自然醫學：吃得健康，就不需看病或撥 119

醫療體系是否完備，是擠入先進國家之林的入場券。個人危機分類中，健康恆為當事人及家屬最關切的大事。若能夠百病不生，快樂終老到自然、安詳地死亡，那有多好。事實上，這就是自然醫學：吃得健康，就不會有病痛，也就不用求診就醫。

　　文明社會真的還有不少「文明病」，如占死亡人數過半的癌症及腦心血管疾病（包括：腦中風、心臟病、高血壓）。這些文明病一旦發作，都會給當事人帶來災難性的危機，且壽命因此而短少二十年以上。依照衛福部統計資料，在圖 13 及 14 列出近年（民國 84~103 年）罹患癌症及心血管疾病死亡患者占全年死亡總人數的比例。其中癌症致死的，從民國 85 年全年往生 27,961 人，躍升至民國 104 年的 46,829 人；腦心血管疾病致死的，從民國 85 年全年死亡 27,873 人，略為增加至民國 104 年的 35,907 人，兩者加總後則年年增加，迄民國 104 年占死亡的比例高達 50.6%。這兩張圖片警示：如果不更改飲食習慣，不注重體能鍛鍊，再好、再多的醫藥與治療手段，都救不了寶貴的生命 [註 59]。

　　為了防範癌症及腦心血管疾病上身，近年來醫療界倡議使用「自然醫學」的概念，試圖改變被扭曲的文明社會不良飲食惡習，避免生病；最好的人生，是一輩子快快樂樂、健健康康，沒有憂鬱症、癌症及心血管疾病的侵襲，壽終正寢安詳地往生 [註 60]。以下是個人健康攝食的防衛措施，做到、做好當可免除大半的健康危機：

　　1. 日常運動規律化（晨操、晨泳），增強心肺功能。

　　2. 睡眠適量，醫學調查研究發現，過與不及都會折壽。

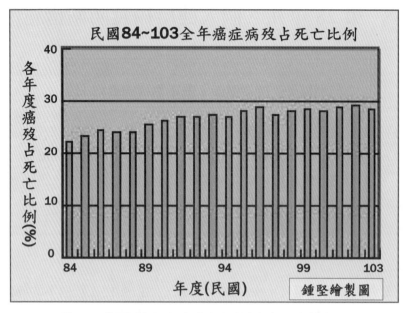

圖 13　我國近年死於癌症患者占全年死亡人數比例

（統計數據摘自 http://www.mohw.gov.tw）

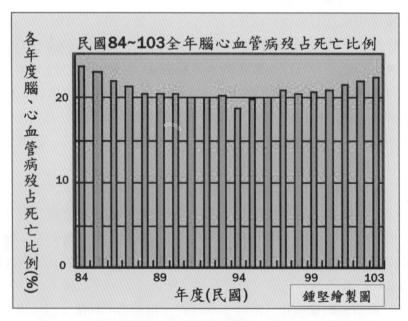

圖 14　我國近年死於腦心血管疾病患者占全年死亡人數比例

（統計數據摘自 http://:www.mohw.gov.tw）

3. 避免過度曝露於電磁輻射（如經常使用手機、吹風機），造成非游離輻射的後顯性病變。

4. 個人急救藥品及常用藥物，應置於垂手可得處。

5. 遇到壓力太大時，緩緩吐氣、閉氣，再緩緩深吸，周而復始以穩定情緒。

6. 不可操勞過度，身體一旦有警訊，趕快休養。

7. 特殊環境中（如長途旅行或長時間滑手機），仍需就地伸張手足、舒張筋骨。

8. 無力自救、救人或急救時，及早撥打 119 服務電話呼救。

9. 四十歲以上壯年人須定期做完整版健康檢查。

10. 四低一高（低糖、低鹽、低油脂、低蛋白、高纖維）要吃對。

11. 生菜、蔬果先泡（讓農藥溶解）後沖（沖掉農藥）才食用。

12. 儘量改變重口味（沾辣椒、醬油、甜醬）習性，飲食以清淡為主。味道美味的未必健康，健康食材絕對難吃。

13. 少吃肉、蛋、奶，多蔬、多果、多雜糧，四成癌症可預防。

14. 習慣蒸、煮、燉、燙與涼拌，少用煎、炒、炸、烤與生食。

15. 飲食多樣、多種、多元，避免固定一成不變，以減少風險。餐飲業慣用過期食材別去消費。

16. 避免暴食、偏食、厭食，造成腸胃病變。

17. 運動量要夠，夠餓才進食，以免過胖。

18. 早餐一定要進食，而且要吃到飽。

19. 午餐九分飽、晚餐七分飽，宵夜最好別亂吃。

20. 該保壽險的，一定要去保。

如果你的健康攝食習慣與上述的建議完全相左，表示你早已「病從口入」，你的身體健康已逐漸步向個人危機；儘快及時改正，養成健康的運動習慣及正確的飲食認知，千萬別吃死自己。

第 29 單元　個人財務經濟防衛措施

擺脫個人財務經濟危機：四不一沒有

一不虛榮追逐時尚，二不寅吃卯糧借錢度日，
三不忽略理財投資，四不過度消費揮霍成性，
沒有卡債，不需理債。

　　本章前一個單元敘述之文明社會的文明病，源自於消費財團強勢推銷錯誤的飲食習慣，完全背離了營養學所強調的「四低一高」（低糖、低鹽、低油脂、低蛋白、高纖維）的健康飲食文化。同樣的文明病，也好發在這個扭曲的社會中，那就是財團強勢誘導錯誤的消費習慣（如借錢是一種高尚行為的謬誤口號），完全背離了老祖宗留下給我們的傳統美德：勤儉。

　　錯誤的消費習慣，致使學生揮霍掉家長提供的零用錢，去買一些無營養的零食，如糖果、餅乾、泡麵、碳酸飲料，把自己吃垮成「黏多醣寶寶」。畢業後有了第一份工作收入，吃喝玩樂不知節制，金融卡又四處「流竄」，造成職場新鮮人多半成為「月光族」（每到月底薪水花光光），甚至成為「卡債族」（借錢消費，陷入還不完的債務漩渦）。更有的年輕人抗壓性差，穩定性不夠，是十足的「草莓族」（一壓就爛）；受不了老闆責罵，輕者「把老闆炒魷魚」（即棄職不幹）失掉工作及收入，回老家當「米蟲寄生族」；重者則在家搞自我傷害。

　　個人生涯總有一天要功成身退，但是餘命又長，退休後生活怎麼辦？「養兒防老」聽聽就好；現代化、多元化的社會，不可能下令兒子、媳婦供養你。根據「摩根資產管理公司」對華人家庭的估計，不管你有沒有退休金或有多少退休俸，若要維持退休前的生活水準，不

至於節衣縮食，則退休時你自備的養老金必須擁有「可調度的資產」（不含難以即刻脫售的不動產），至少應有退休當年年薪的 15 倍或 1,700 萬元 [註 61]。15 倍的前提，是年投資報酬率在 7% 以上，每年賺回約一個基數（15×7%），你這輩子養老金根本就花不完。或是僅求花老本，在平均壽命 80 歲的餘命十五年內花完；意即 65 歲退休的你，若年薪為 113 萬元要在退休後生活像樣點，就得在退休時擁有 1,700 萬元加上一棟自用住宅！想提早退休又不想回老家當米蟲，依上述比例原則，50 歲退休就要準備好當年年收入 30 倍的自備養老金，以便三十年的退休生涯能樂活終老到 80 歲。若你不趁年輕從現在開始理財投資，哪有可能累積如此天文數字的養老金？

除了自己養自己的安養規劃外，人生旅程到處要用大筆錢。買車要錢、旅行要錢、紅／白帖要錢、找個窩置產更要花大錢。也有人估算過：養育子女至成年，讓他（她）接受最頂級的教育，最後送到國外名校獲頒碩士學位，二十四年間至少需要 2,000 萬元！難怪時下年輕夫妻幾乎都是「頂客族」（double income, no kids, DINK）：既要享受人生，養兒又不保證防老，還要擔心子女成年後啃老，頂客族傾向別生孩子自找麻煩。

一個正常的家庭，面對如此嚴峻的財務挑戰，在生涯中所有的花費至少以千萬元當基數起跳，若不懂理財投資，終身都要為錢發愁。根據財政部統計，民國 103 年綜所稅申報戶按申報所得分成 20 等分，最高等分家戶年所得為 525.6 萬元，最低等分家戶年所得僅 4.7 萬元，貧富差距飆至 112 倍，較 10 年前的 55 倍惡化許多！你要力爭上游當富豪還是安貧樂道當窮人，還擇權在自己。

如何避開個人財務危機也有三部曲，首部曲是先要理債，將財務情況由負債欠錢倒轉回正常；二部曲才是理財，把所有的漏洞塞住，保本為主；最後才是調整個人經濟體質的投資，讓錢滾錢資產變大。以下是十項個人財務經濟，從理債、理財到投資的小撇步 [註 62]：

① 理債為先

據消基會的統計，迄民國 103 年底，全國信用卡核發累計近 0.4 億張，年度消費破 2 兆元！無力償還的卡債族已衝破 50 萬人；為了理債，你的金融卡每類只需要一張（如一張信用卡加一張悠遊卡），其他統統剪掉，否則卡一多，信用額度擴張，非常容易受引誘過度消費、背負卡債。

② 理債原則

建構量入為出的傳統美德。薪水族一定要養成良好的習慣，每個月固定扣下相當比例的薪資強迫儲蓄；要訂定儲蓄額度比例，就要先反過來看你最低月開銷（零用金）是多少錢，餘額一概強迫儲蓄。如果你實在算不出每月最低開銷，可用勞動部所訂定的基本工資（民國 104 年 7 月調高為月薪 20,008 元）的半數為基準。量入為出，千萬別融資借錢炒股，要逐漸養成節省的習慣。

③ 理財堵漏

收到對帳單時，一定要即時對帳，檢視消費是否異常；若有，進一步追查金融卡是否遭盜刷，電話是否遭盜打，以防堵財產遭金融電信詐欺犯點滴竊走。

④ 理財防騙

除非是黑錢，否則大筆現金交易目前已絕少出現。大筆現鈔，難免有假鈔、白紙夾雜其中，且當事人又沒有防偽點鈔機在手邊，故儘量避免扛著一麻袋現鈔交易。擔心遭詐騙時，撥打 165 的內政部「反詐騙服務專線」諮商。

⑤ 理財保險

天有不測風雲，適度的產險、壽險、意外險要投保，特別是家境並不富裕的情況下，一定要投保，以免因債務（如貸款）拖累遺眷。唯一的例外，是富可敵國的豪門世家，不需要刻意投保壽險及意外險。你沒有出生在富二代家庭，千萬就別淪為負三貸（高學貸、高車貸、高房貸）。

⑥ 理財傳家

財產提存的檔案如保險箱鑰匙、帳戶密碼等，必要時需將檔案委託交付法定繼承人一份（第 26 單元論述的預立遺囑即為範例），免得錢財憑空蒸發消失。

⑦ 理財和投資

個人財務首重保值保本，行有餘力，才是投資增值擊敗通膨。從事高風險的投資（如買賣股票），若一昧追高殺低，財產勢必將快速縮水。

⑧ 投資周轉

金融機構內的現金帳戶（定存不計）儲存水位，除了維持一到兩個月的零用金作個人緊急周轉外，其餘皆可作為即時轉投資的本金。本金千萬別用融資借貸方式周轉投資，以免槓桿操作過大遭斷頭血本無歸。

⑨ 投資原則

個人動產（指股票、債券、存款、現金及衍生性金融商品）保持

機動並全球布局；個人不動產（指土地、建物、地上農作物、林木等）
儘量簡單化，以降低變現的鈍重性。

⑩ 投資配置

投資樣式多元化（股票加債券）、方式分散化（國內股市、海外
股市）、標的彈性化（外幣投資、貴金屬買賣）。需注意風險與安全
性（Security）、資產配置（Allocation）、固定收益（Fixed Return）
與高報酬（Equity），即 SAFE 的投資原則。

堅持財務經濟「四不一沒有」，從理債陰霾走出，邁向理財保本，
再投資錢滾錢，當可遠離個人財務危機的威脅。

第 30 單元　個人生活居住防衛措施

> ## 害人之心不可有，防人之心不可無
>
> 警力有限，民力無窮，打擊犯罪要全民動起來。
> 報警撥打 110，火災撥打 119，防詐騙撥打 165。
> 安和樂利的生活居住，免除危機得靠大家一齊來。

　　按照國際刑警組織的統計資料顯示 [註 63]，全球有 175 個主要恐怖組織（如伊拉克暨黎凡特伊斯蘭國 ISIS 不時放話要對某些特定財團廠商下毒手），這些不法組織多散布在中東、亞洲地區活動。民國 103 年全年，這些恐怖組織為了民族仇恨、宗教狂熱與意識形態，共發動了 13,370 次國際恐怖攻擊，攻擊手段依序為炸彈引爆（占 64%）、武裝突擊（占 24%）及綁架撕票（占 5%），全年造成全球 32,685 名無辜民眾死亡，財產損失高達 529 億美元。

　　國內所發生的恐怖攻擊十分罕見，然個人生活居住卻深受犯罪所困擾。民國 104 年全年各類刑案的被害人超過 9.5 萬，其中公共危險案占 28.2%、販毒案占 15.8%、財務竊盜案佔 13.2%，其它刑案（包括人口販賣案、詐欺背信案、網路犯罪案、違反商標案、違反集會遊行案、妨礙性自主案、妨礙社會秩序案）占 28.4%、圖 15 是我國近年（民國 85~104 年）各年度全般刑案破獲及未破案件數的變化。從圖中可解讀近年來全般刑案年年減少，從民國 85 年報案 72.2 萬件，遞減至民國 104 年報案 29.8 萬件；同一期間破案率由六成增加至九成。但是，圖 16 列出我國近十年逮捕青少年販毒嫌疑犯人數，卻令人憂心不已。民國 96 年逮捕青少年販毒嫌疑犯僅 5,290 人，到了民國 104 年暴增為 9,661 人，青少年販毒嫌疑犯占所有販毒嫌疑犯的比例，十年內由 9.8% 躍升至 18%！同一期間販毒少年嫌疑犯自 602 人快速增

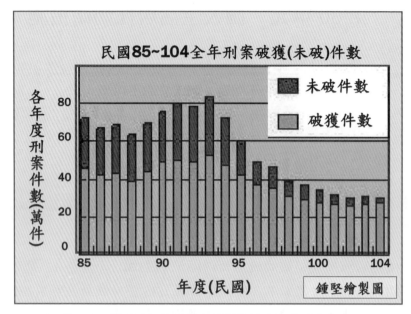

圖 15　　我國近年各年度全般刑案破獲及未破案件數

（統計數據摘自 http://www.npa.gov.tw）

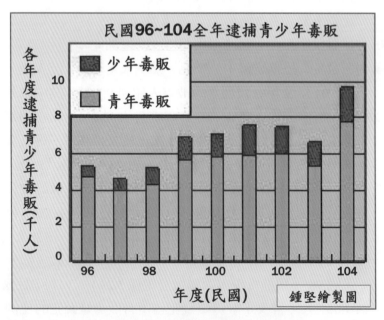

圖 16　　我國近十年逮捕青少年販毒嫌疑犯

（統計數據摘自 http://www.npa.gov.tw）

加到 1,939 人，足見校園販毒、吸毒已氾濫成災，變成家庭、學校、社會、國家重大挑戰。「夜不閉戶」治安良好是個理想的大同世界，在務實面，家家都設有鐵窗與保全系統。要改善治安，不能只靠人民保母的警察同仁，大家都要動起來；全國 6.1 萬警力終究有限，民力才是無窮。

　　治安敗壞，固然不法分子要負絕大部分的責任，惟貪婪的社會風氣，才是壞人鋌而走險、好人身陷個人危機的根源 [註 64]。

　　近年來臺籍金融電信詐欺犯「行騙天下」，專門針對全球各地華人下手，汙名遠播；大陸當局對我國國籍金融電信詐欺犯恨之入骨，特將「臺胞」稱為「灣灣」，用順口溜描述臺籍罪犯在海外的「詐騙人生」。其中一則為「全球處處有灣灣，灣灣喜好騙華商，華商也愛騙灣灣，灣灣還騙暈灣灣，騙財騙色騙感情，國際刑警都能騙」，另一則為「十個灣灣九個騙，還有一個在訓練；臺南角頭當教練，總部設在彰化縣；公安抓了臺灣放，遣臺歡聚住飯店；接洽角頭再訓練，出國打工繼續騙」。

　　生活居住每個細節都潛藏著魔鬼，疏忽這些細節，輕則造成生活的不便，重則引發居住危險，甚而誘發犯罪將自己變成受害者。為避免衍生「日常事故」（表 7 內國際死因編碼 W20~W99），以下是個人生活居住的 20 則防衛小撇步：

　　1. 入廁前，養成確認有無衛生紙的習慣。乍看之下只是日常居家生活的小動作，但其寓意是萬全準備方不致釀成個人災難。

　　2. 建構電子信箱、臉書、電話、傳真、實體郵箱的過濾機制，防堵病毒程式、垃圾郵件及詐騙訊息湧入。

　　3. 常用與急用聯繫電話需輸入手機記憶體內並定期更新，遇到緊急狀況時可立即按鍵撥接。

　　4. 護照、身分證及重要文件（如存摺簿）正本、影本不隨意交給陌生人，以免遭不法使用（如盜辦信用卡刷爆）。

　　5. 財不露白，不招搖炫耀，免遭不法分子盯上變成受害人。

　　6. 遭歹徒尾隨跟蹤時，急奔警、憲、軍營衛哨前呼救求援，不輕易離開哨所就地待援。

7. 隨時攜帶防身物品（如雨傘），一方面可以壯膽，一方面可嚇阻歹徒，總比赤手空拳、手無寸鐵好。

8. 沒必要不去治安敗壞區，避開毒害區並防止生活空間遭汙染。

9. 設定至親好友為緊急避禍暫住之地，且要防止歹徒循線追至尋釁。

10. 遠親不如近鄰，做好敦親睦鄰、守望相助，積極參與社區互助巡守，防止歹徒滲入內潛。

11. 多留心打聽居住周邊治安現況，及早預警並做好應變準備。

12. 移除危險品（如汽油桶等易燃物、瓦斯桶等易爆物）至戶外安全空間置放，以免釀成生命財產損害。

13. 踏入電梯前，先注意電梯是否已就定位，以免跌落電梯間或遭絆倒。某大學的駐診校醫，就是因為踏入未就定位的電梯踩空，軀體遭電梯門夾在井內隨電梯上升，大量出血致死。

14. 記得進入電梯後，面朝陌生人、貼近按鍵板並保持警戒。

15. 獨居女性在門前應置放男用鞋，具嚇阻欺敵之效，否則歹徒易向獨居女性下手。

16. 用鑰匙打開門之後，記得抽回鑰匙，進門之後記得反鎖，進出汽車亦同，以免遭歹徒私下複製鑰匙或緊隨入侵。

17. 貴重物品（如金飾）及文件（如證書、證件）不常用時，應置入保險箱，一旦遺失遭竊，勢將衍生負面後遺症。

18. 防災應急物品（如口糧、飲用水）的儲存與有效期要定期檢視，過期物品要換新，儲存要防潮、防火、防蟲害。

19. 住屋內的水、電、瓦斯管線通路，要瞭若指掌。漏水、漏電、漏瓦斯處，要慎防觸電、氣爆。

20. 消防裝備（如樓梯間公設的乾粉滅火器、消防水喉）要會使用，必要時可協助消防人員施救。

以上個人生活居住防衛措施若都能落實，日常起居才能享受安和樂利；免除治安犯罪危機，真的要靠大家一齊動起來。

第31單元　個人行旅育樂防衛措施

> ## 行船走馬三分險，敬天畏海旅遊人。
>
> 培養「出門如見敵」的習性，隨時保持警戒。
> 天氣預報撥打166，交通即時路況撥打168，海難撥打118。
> 危邦不入、亂邦不居、險地不越、惡水不涉。

　　個人事故類危機，除了在第30單元論及的全般刑案外，還有車禍、溺水、山難、海難等，都和個人行旅育樂有關。現代化社會由於科技發達，陸、海、空交通多元化，如航空事業就有民航業（定期班機的客機）、普通航空業（普航業，觀景的直升機）及運動社團（超輕航機及滑翔翼）；水上活動除了搭乘客輪、海釣船、觀光遊（潛）艇，還可以飆香蕉船、水上摩托車。傳統的陸上交通工具也不遑多讓，除了火車、汽車、機車外，纜車、捷運、高鐵、磁浮列車都紛紛推出。在行旅中，會不會有風險？

　　根據交通部的統計資料顯示，行旅交通恆以陸運為主，陸運量又以道路交通運輸量占最多 [註65]。圖17列出我國近年（民國86~104年）各年度登記機動車輛數，其中機車在民國86年有1,005萬輛，到了民國104年增加至1,366萬輛，平均每兩位國民擁有一輛以上的機車。四輪以上的汽車（含客車、貨車、特種車），在民國86年有530萬輛，到了民國104年增加至774萬輛，平均每三位國民擁有一輛汽車，可見行旅交通的密度與頻度之高，不輸先進國家。行旅塞車之苦，堅信是絕大多數旅人上路必有的經驗。

　　塞車往往是前方單純的車多、修路，或正在處理道路交通事故（車禍），有車禍必有傷亡，誠所謂「行船走馬三分險」。圖18列出我國近年（民國86~104年）各年度道路交通事故傷亡人數。其中

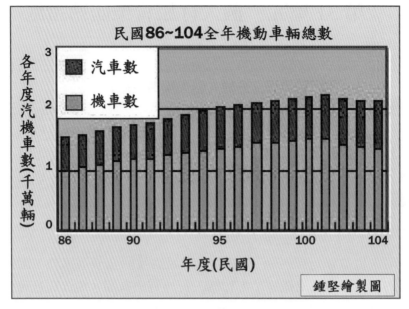

圖 17　我國近年各年度登記機動車輛數

（統計數據摘自 http://www.motc.gov.tw）

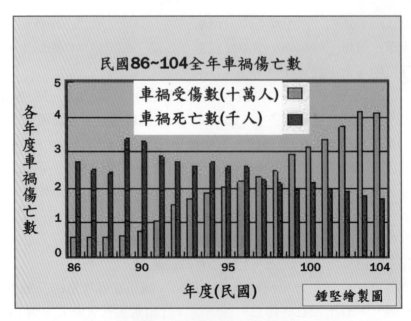

圖 18　我國近年各年度道路交通事故傷亡人數

（統計數據摘自 http://www.motc.gov.tw）

車禍往生者，即第 11 單元述及的國際死因分類編碼 V10~V79 內的公路類。民國 86 年有 2,735 人，民國 104 年降至 1,696 人；但是，車禍受傷的人數卻從民國 86 年的 5.8 萬人，激增至民國 104 年的 41 萬人。統計數字說明了兩項事實：其一是二十年內車禍事故傷亡數增加近 7 倍，顯示道路交通秩序亟待改善；其二是車禍與傷亡的人數比例，從 21 倍躍升到 241 倍，能夠搶救傷者自死神手中拉回，要感謝高效的道路救援與急救系統。

　　民國 103 年全年道路交通事故，平均每小時就有 35 件車禍！到底是誰的錯？全年 307,842 件道路交通事故肇因，駕駛人的過失高達 301,685 件（占 98%），其次為道路行人的疏失 3,843 件（占 1.25%），其餘則為車輛故障 985 件、交管失誤 309 件及其他肇因 1,020 件。同一年度肇事涉案的車輛，以 161,416 輛機車居冠（占 52.4%），次為 93,227 輛自用小客車（占 30.3%），再次為 45,486 輛其他機動車輛（占 14.8%），其餘為 7,713 輛腳踏車（占 2.5%）。看到這些統計數據，高肇事率的機車駕駛人一定要全神貫注騎車。

　　既然行旅交通只要一上路就有風險，就得秉持戰國初期《吳子兵法》兵書〈料敵篇〉中，金玉良言「備者，出門如見敵」的心態，保持高度警戒。除了航空旅行另闢專章後述外，以下是個人行旅育樂防衛小祕訣，若能確實做到，可免除事故類的個人危機：

　　1.「出門如見敵」，道路行旅出發前先撥打 168（一路發）服務電話，查詢即時交通路況，以方便規劃行車動線，避開塞車瓶頸路段。

　　2. 搭乘大眾運輸工具（車、船），若還有選擇，選逃生門鄰近座位就位或站立；坐車頭位置怕對撞，坐車尾位置怕遭追撞，坐車窗位置還怕外物破窗飛入。上、下車或過馬路，注意汽、機車順向、逆向側撞過來。

　　3. 騎機車要戴安全帽，坐車、船要扣上安全帶。

　　4. 道路行進間，前方有載物貨車應與其保持適當車距，或儘速超越，防止裝載貨物突然鬆脫飛出砸過來。

　　5. 開車不喝酒、醉酒不開車；目前政府以嚴刑重罰來遏止這種不負責任的過失殺人行為，但仍有醉翁硬拗上路，撞死路人還不自

知。

6. 豪雨颱風來襲時，要將愛車移至安全場所停放，如高地不受水淹，曠地不受行道樹、招牌壓倒；若實在被淹怕了，新車也不妨考量多保個天災險。

　　人生除了打拚，總要休憩養生、紓解壓力再出發；週休二日之目的，就是讓國民在辛苦工作五天之餘，輕鬆一下自己恢復疲勞。但是育樂活動如果樂過頭，就會樂極生悲陷入無可挽回的個人危機 [註66]。除了前揭「八仙樂園塵爆事件」外，國內有很多娛樂場所根本就是無照營業，消防安檢不合格。若能秉持「危邦不入、亂邦不居、險地不越、惡水不涉」的原則，在育樂前就已過濾掉大部分潛藏的危機。例如：很多網站上的「空頭民宿、露營地」，在華麗的網頁包裝下，卡刷了、錢也匯了，按址去住宿，結果發現滿地都是跳蚤、毒蛇！因此，下列是個人防衛小祕訣，是防止當事人身陷行旅育樂類危機的經驗法則：

　　1. 國境通關時，絕不可替任何人（包括團友、領隊、導遊）攜帶物品驗關。曾有某位國人在東南亞某國通關時，攜帶託付行李通關時被查獲內藏毒品，遭判終身監禁。

　　2. 國外旅遊時，需定期與至親好友聯繫，除報平安避免他們掛心外，也需告知最新行程；一旦出事，親友們可通知駐外機構至最後聯絡地點開始搜救。

　　3. 旅遊住宿退房時，要鎖上門房才去櫃檯結帳；若忘了鎖門，不肖旅館服務人員或宵小會趁機潛入房間竊取財物或破壞家具，到頭來龐大的賠償金又算在你頭上。

　　4. 進入任何公共場所（如百貨公司、車站），先注意逃生門及逃生通路，遇上突發狀況如地震或恐怖攻擊時，知道往什麼方向脫離避禍。

　　5. 發生火災濃煙密布時，淋濕全身、以濕布掩住鼻與口，用跪拜姿勢匍匐前行，往逃生門方向脫離。火災罹難者，不少人是被濃煙嗆死，而濃煙密度較空氣輕，不易沉降於地板，故需匍匐以求安全脫

離。

　　6. 禁藥千萬不能上癮，否則這一輩子就從此沉淪。時下風氣開放，國內外的娛樂場所如夜店內藥頭攢動，非常容易取得白粉、安仔小白板、搖頭丸等各級毒品，故而當事人應自律，不要嚐鮮毀滅掉自己。

　　7. 偏僻不熟悉的場所，不單獨冒險進入，如危樓空屋，沒事別找事；對危險的陌生人趨近（如「北捷鄭捷事件簿」刺殺造成 4 死 22 輕重傷），別再低頭滑手遊，隨時提高戒心應變，有事別怕事。

　　8. 天有不測風雲，從事戶外高耗能運動（如登山、駕風帆），隨時撥打 166 氣象預報服務電話，及早預防氣象劇變。

　　9. 游泳、潛水一定要結伴同行，方便互助、互救；發生海難（如沉船）或海事糾紛（如海上搶劫）時，以船用衛星電話或手機撥打 118 行政院海巡署的「海巡服務電話」求援。

　　10. 學國標舞、練健身操固然很好，倒不如學習奪刀、奪槍、摔角、擒拿等防身術；懂武術不但增加了自信，勤練武功身體更健朗、育樂附加價值也高。

　　11. 發生運動傷害（如墜崖骨折、潛水病）應立即送醫就診，早醫早癒，免得延誤送醫終身遺憾。

　　12. 身體狀況不佳，不可逞強嘗試體力不能負荷的育樂活動（如高血壓患者硬要泡湯）；海外旅遊特別是行程包括登山、健行、親水活動，需投保意外險，防止一旦出事，無端增加遺眷的財務負擔（如跨國招魂、運回骨灰等高額費用）。

　　以上十二項個人行旅育樂防衛措施，能夠確實做到，一定可防止因行旅育樂活動衍生的個人危機。

注　釋

[註 59]　Joseph A. Knight, *A Crisis Call for New Preventive Medicine*, pp. 722(World Scientific Publishing, NYC, November 2004). ISBN 9-81238-700-5.

[註 60]　John Robbins, *Diet for a New America: How Your Food Choices Affect Your Health, Happiness, and Future of Life on Earth*, pp. 448 (H. J. Kramer, NYC, April 1998). ISBN 0-91581-181-2；張國蓉、涂世玲譯，《新世紀飲食》，頁 388（琉璃光出版，臺北市，2002 年 12 月）。ISBN 957-8840-02-0.

[註 61]　Richard A. Marin and Robert H. Frank, *Global Pension Crisis: Unfunded Libbilities and How We can Fill the Gap*, pp. 240 (Wiley and Sons, NYC, NY, October 2013). ISBN 978-1118-58-236-7.

[註 62]　王志鈞，《管好你的錢：一生受用的理財計畫》，頁 240（木馬文化，臺北市，2016 年 5 月）。ISBN 978-986- 3592-34-1.

[註 63]　鍾堅編，《恐怖主義與反恐》，頁 90（五南圖書，臺北市，2007 年 5 月）。ISBN 978-957-1147-61-1。另參考國際刑警組織 International Criminal Polic Organi zation 網站（www.interpol.int）內的最新統計資料。

[註 64]　Charles Derber, *People before Profit: The New Globalization in an Age of Terror, Big Money, and Economic Crisis*, pp. 336 (Picador, LA, November 2003). ISBN 0-31230-670-9.

[註 65]　李如霞，《新編道路交通法規：道路交通事故處理精粹》，頁 350（十明出版，臺中市，2015 年 11 月）。ISBN 471-333-1564-45-0。

[註 66]　James A. Peterson and Bruce B. Hronek, *Risk Management for Park, Recreation, and Leisure Services*, pp. 180 (Sagamore Publishing, LA, January 2003). ISBN 1-57167-550-7.

第玖章　個人危機處置

兵聖孫武《孫子兵法》軍爭篇

> 故兵疾如風，其徐如林，侵掠如火，
> 不動如山，難知如陰，動如雷霆。

個人危機新注《孫子兵法》

個人危機處置要快如疾風，蓄勢待發時要肅穆嚴整如森林；反擊時瞬間爆發的能量要如燎原之火；防衛時要如山岳般不可撼動；隱藏時如烏雲蔽天無人知曉；行動時要快如閃電迅雷，制亂於初動。

個人危機在潛伏期邁向爆發期，必有衝突，能化解衝突，就意味著危機將可迎刃而解。化解衝突的手段之一，就是與對手就危機而談判，該不該與對手談，是危機談判的策略；決定要談判，能不能先贏全勝，就看能否摸清對手的立場與認知，還要看當事人危機談判的技巧是否圓融。一旦化解衝突失敗，危機談判破裂，只有勇敢地面對危機的爆發。個人危機處置的節奏，要掌握快、準、狠三字訣。千鈞一髮之際處置危機，憑直覺下決心是否恰當？大難臨頭時，可否拋下親友單獨逃生？這些，都是在處置個人危機時，從經驗上、法律上值得探討的議題。

第 32 單元　如何面對衝突

個人危機，必有衝突

誰和誰衝突造成個人危機？

✓　自己打自己（天人交戰，理性對感性）

✓　自己與對手（兩造雙方，龍爭虎鬥）

✓　自己對群體（一夫當關，萬夫莫敵）

個人危機中衝突的分類

✓　強制衍生衝突：被脅迫從事非自願性的工作。

✓　認知衍生衝突：理念相左且違法亂紀。

✓　價值衍生衝突：分配不當或獎懲不公。

✓　情緒衍生衝突：態度與行為不被肯定。

　　個人危機按期程分為三個階段：潛伏期、爆發期與善後期。第13 單元敘述的辨識、預判、預防危機、應變準備與防衛措施，理應在危機潛伏期全部完成，但是，危機仍然可能爆發。導致危機爆發的原因，包括當事人的個人內部因素，及客觀環境的外部因素；其中涉及內部及外部因素者，首推潛伏期一路延伸至爆發期的「衝突」。換言之，所有個人危機的類別，都有衝突 [註 67]。

　　如上所列，個人危機衝突對當事人言，有三類對手：第一類對手就是當事人自己，如內心的掙扎，天人交戰，理性與感性、理智與感情的對抗。第二類是個人危機的主流：當事人和對手，兩造雙方衍生衝突，一旦衝突失控，即造成龍爭虎鬥的危機。第三類是當事人對抗整個群體，一夫當關若能占有利的態勢，當可萬夫莫敵；惟孤軍奮戰，倒有點明知不可為而為之的悲壯情懷。

　　衝突類型可以分成以下四類：強制、認知、價值與情緒衍生出個人危機的人與人衝突。如上所列，強制所衍生的衝突，是遭對手脅迫

從事非自願性的工作而爆發；如老闆脅迫員工加班，而員工又得照料醫院病危的長輩，雙方一再堅持互不退讓，終致員工揪團走上街頭抗爭 [註 68]。認知所衍生的衝突，是對手和當事人理念相去太遠，且對手明顯地違法亂紀；如男友性好拈花惹草，喜好找人妻劈腿，雙方認知差距過大導致形成感情危機。價值所衍生的衝突，指對手認為分配不當或獎懲不公；如父母預立遺囑分產，兄弟間為了爭產鬩牆，造成家族成員親情上的危機。情緒所衍生的衝突，指當事人的態度行為不為自己或他人肯定；如當事人明知酒池肉林、暴飲暴食對身體不好，但控制不了口腹之欲的行為，最後造成健康危機。

　　到底要如何面對衝突，避免釀成個人危機？年輕氣盛、年少輕狂，每位成年人都經歷過這段「往事不堪回首」慘綠青少年血氣方剛的過往。血氣方剛恐怕也難以做好個人危機控管，因此，青少年動輒動刀動槍、好勇鬥狠，不但沒有消弭衝突，反而將衝突刻意擴大，最後都以災難收場。任何衝突，當事人需謹守三條戒規：(1) 沒必要別任意升高衝突；(2) 處理衝突要快捷，絕不可拖拖拉拉；(3) 與對手保持適當距離，防範其逼近猝然出招 [註 69]。

　　現代化的社會，生活步調都非常緊張，壓力也非常大；面對衝突恐怕也不輕鬆，要耗費心力、財力、人力等個人有限資源去應付衝突。那又何苦任意去升高衝突，徒增更多的個人資源調度的困擾，搞得筋疲力盡？一旦衝突白熱化，處理衝突一定要快速敏捷，讓對手猝不及防；動作遲緩、決策笨拙，只會衍生更多的困擾，讓衝突擴大。至於兩造雙方已然衝突，為防止對手以非理性的異常行為猝然攻擊下毒手，當事人最佳的防禦就是遠離對手，不讓他有可乘之機。

　　吾人可以善用兵聖孫武《孫子兵法》謀攻篇的至理名言：「上兵伐謀、其次伐交、再次伐兵、其下攻城」來詮釋處置衝突的藝術。這四句名言原意指「高明的用兵術是事前粉碎敵軍的謀略，其次是阻斷敵軍的奧援，再遜些就是與敵軍交鋒，最要不得的是進攻並殲滅敵軍的城堡、資源等有生力量」。轉換成當代版的處置衝突藝術：

　　1.「上兵伐謀」，上策是用「和」去化解衝突，化敵為友，消弭衝突及危機；

2.「其次伐交」，若上策不行就與對手妥協談判，求同存異，創造共贏，讓衝突降級為「拖」的談不完之協調；

3.「再次伐兵」，談判不成就以實力「懾」去嚇阻怯敵，陳兵但不用兵，備戰而不求戰，迫使對手知難而退，衝突仍在惟力道消退；

4.「其下攻城」，實在沒辦法，只有用「戰」去奮力一搏，以最小的代價，締造先贏全勝的戰局。

聰明的個人危機控管高手，都能遵循上策的「上兵伐謀」原則去化解衝突，甚至化敵為友；但是，如果你的功力不足，無法化解衝突，你就得嘗試「其次伐交」，與對手談判解決衝突與歧見，但是你必須是一位談判高手。用到「再次伐兵」或「其下攻城」，已非個人危機控管高手。

第 33 單元　個人危機談判入門

表 13　個人危機談判策略與結果

	情　況	自　己	對　手	該不該談判
策略	談判誘因	有（無）	有或無	該（迴避）談判
	談判奧援	有（無）	無（有）	該（迴避）談判
	談判利弊	利多於弊	弊多於利	該談判，否則迴避
結果	頂標	我贏	你輸	一有一無
	前標	我多	你少	一大一小
	後標	整合	共贏	一等於一
	底標	不戰	不和	回到原點

（作者製表）

　　衝突化解不了，宣戰前最好先談判，若談判也不會，那只有等著危機爆發。近來社會上擄人勒索刑案層出不窮，好一點的，對綁匪道德勸說苦苦哀求，放人沒事；沒辦法的，只好透過談判協商，減碼交付贖金，釋放肉票；再差些的，連談都不會談，導致肉票遭撕票而歹徒仍然逍遙法外。這些社會新聞，每隔一段時日就上媒體頭條。事實上，圓融的談判技巧，是源自於執法先鋒和匪徒談判釋放人質的血淚經驗所累積而成 [註 70]。

　　美國是世界強國，尤其在前蘇聯瓦解的「後冷戰年代」迄今，美國君臨天下、所向披靡無對手，也因此招惹了眾多仇家專找美國人挑釁。因此，凡常駐境外的美商、美僑、美軍及其家眷，在出國前人手一冊《反恐與反劫持標準作業手冊》，教導境外美國公民個人危機的談判原則 [註 71]。這本手冊，事實上也可廣泛運用在其他危機場合，如職場上的勞資談判、感情上的分手談判、財務上的分產權益談判、醫療上的醫病糾紛談判。

上揭表 13 列舉了該不該去談的談判原則，統整表中所列的策略如下：

1 什麼情況該談判？

當事人自己有談判的誘因，也有談判的籌碼，談判無論結果如何肯定利多於弊，當然要談判。例如：發覺情人無可救藥地習慣性劈腿，故決定要分手（有談判的誘因），且掌握到鐵證如山的劈腿事證（有談判的籌碼），當事人只要能走出情傷、重新出發（談判肯定會利多於弊），當然要與情人談判分手。

2 什麼情況不該談判？

當事人自己沒有談判的誘因，也沒有談判的籌碼，而且談判了之後弊多於利，加上對手要談判的奧援充沛，乾脆避談，以免落得全盤皆輸。例如：夫妻長年感情不睦，當事人欲維持形式上完整的家庭而不想離異，另一半卻想離婚早早結束痛苦，一再強求談判離婚；若當事人真的不想償付一筆豐厚的贍養金（沒有談判的誘因），且至親好友也極力反對離異（沒有談判奧援），自己又經常家暴動粗有錯在先，本來就理虧（談判一定弊多於利），當然不能談判。

兵聖孫武《孫子兵法》謀攻篇說得好：「知己知彼、百戰不殆」。要談判就得先做好資訊蒐集：摸清對手的立場、認知、素養與價值觀，瞭解對手談判妥協的底線，以及何種價碼立場就開始動搖。這些不可或缺的珍貴資訊一旦掌握，勝券幾乎在手，只等著談判開始。

如果情況允許，應該用談判去化解兩造雙方的危機。千萬要注意談判技巧，以免弄巧成拙。談判技巧分為三個階段：談判起始、談判過程及談判收尾。

❶ 談判起始技巧

(1) 首先要提供對手肯來談判的誘因，讓對手覺得有需要來與你談判，才能解決對手的危機。

(2) 慎選談判的地點，讓對手感覺到相對安全。

(3) 等對手出現了，先向其肯來談判表達敬意，並強調雙方談判過程與談判結果同等重要。

(4) 再次向對手表達善意與誠意，期盼透過談判謀求解決問題與危機。

❷ 談判過程的技巧

(1) 避免激怒對手，但是要爭取談判的主場優勢，讓對手只能被動接招。

(2) 明列核心議題，集中火力圍繞在核心議題上去解決爭端。

(3) 主動設定談判方式及規則，爭取從何談起的發球權，以掌握談判方向。

(4) 以對手的立場開列條件，由少開始逐次加碼，但能讓步多少，不能給對手知道，也絕不洩漏底線。

❸ 談判收尾的技巧

(1) 提供對手兩種選項，只能限定時程就其中做挑選。

(2) 運用談判時程緊迫，去壓迫對手儘快決定。

(3) 談判達成共識後，得用制式協議書記載，雙方簽章各執正本乙份，據以辦理約定事項。

(4) 若對方事後毀約，立即訴諸法律解決。

　　最後，談判總要有個結果。當然，談判沒有結果，也是一種結果。表 13 借用大學學測的四個指標，由高而低依序是頂標、前標、後標、

底標，來彰顯談判的結局：

1 頂標：我贏你輸

這是一有一無，一番兩瞪眼非常乾脆的結果。當事人全贏，對手一敗塗地，危機解除。

2 前標：我多你少

這是一大一小，分配多與寡的結局。當事人占上風，對手吃虧，但雙方不致大贏大輸，危機威脅大幅降低。

3 後標：整合共贏

兩造雙方都高興，通通有獎。當事人少輸就是贏，危機變成轉機[註 72]。

4 底標：不戰不和

談判不成，但談判沒破裂，又回到原點，危機尚未解除。

還有一種沒有列出的結果，當然是談判破裂失敗，「其次伐交」行不通；接下來只能「再次伐兵、其下攻城」，立即處置即將爆發的個人危機。

第34單元　個人危機處置節奏

個人危機處置三字訣	
快	快要一路衝刺
準	準要針對關鍵
狠	狠要堅持果斷

　　個人危機在潛伏期面對衝突若無法化解、談判又破裂，下面想也知道，危機即將爆發。就如同國家危機一樣，衝突無法化解，談判瀕臨破裂，只有對敵宣戰。因此，在個人危機控管中期的危機爆發期，危機處置是唯一能讓當事人免於災難降臨的動作，否則只能任憑個人危機發生。

　　如上所列，危機爆發時處置的節奏有三字訣：快、準、狠。

❶ 快

　　敵快我更快，以快制快，而且要衝刺，一路快到底，直到危機解除。個人危機的特質，是時程上有急迫性，否則根本不該稱為危機；危機的急迫性，通常指生死交關的敏感時刻，故而危機處置天字第一訣，就是處置動作要「快」！

❷ 準

　　要針對危機核心議題著手處置，非核心周邊瑣碎細微末節之事，不要浪費個人可用資源（包括：人力、物力、財力及最珍貴的時間）去應付。集中手頭一切可用力量，鎖定危機核心議題，奮力打拚搏鬥，故而危機處置第二字訣就是處置動作要「準」。

③ 狠

果斷堅持，一出手就要搞定；切莫逐次投入可用資源，既錯過先贏全勝的契機，又分散了危機處置力道，更不可藉口保存戰力，消極迴避危機。當事人心中一定要有使命感：澈底把製造危機的核心「敵人」打敗擊潰，爭分奪秒、絕對不手軟，故而危機處置第三字訣就是處置動作要「狠」。

個人危機爆發期非常短促，短到當事人若要當機立斷決定如何處置危機，大概只能用「千鈞一髮」來形容處置危機剎那間的急迫狀態。在此生死交關之際，憑直覺是否能逢凶化吉？你真的相信直覺是對的嗎？什麼樣的人直覺判斷才可靠 [註73]？最常見的例子是：考是非題或單選選擇題時，題目看不懂，要如何作答？憑直覺真的可靠嗎？若程度太差，憑直覺答題等同於猜題，是非題有一半的機率弄錯，四選一的單選題有 75% 的機率答錯！

直覺判斷可靠度極高的人，通常都是有累積豐富的社會經驗、一般常識與專業知識既深且廣；他們的特徵是目光銳利如炯，感覺敏銳細緻，能異中求同、同中取異，能疑人所不疑。他們過往的直覺判斷十次至少有九次是對的，所以他們面對危機憑直覺當下處置，總是十拿九穩履險如夷。那你呢？你要如何深耕自己的辨析力與觀察力，來增強自己直覺判斷的正確性？沒有捷徑，無法取巧。唯一增強功力的方式，只能用以下十六個字互勉：

「用心感受、認真體驗；處處留心，皆為學問。」

這也就是為什麼個人危機控管高手，總是那些擁有豐富人生經歷的長者與智者，他們每每以直覺精確判定危險潛藏何處，總能化險為夷。

處置個人危機另外一個敏感的議題是：大禍臨頭時刻是否可以各自飛？換言之，當事人所領導兩人（含）以上的群體，遇上生死交關的危機且逃生時程與通路，僅允許一個人安全脫離險境，「有我無你、

有你就無我」怎麼做決策？決策流程其實也很單純，先問自己：(1)在法律上是否允許你遺棄隊友，單獨一個人逃生？(2)在道德上是否允許你單獨搶先逃生？(3)在道義上是否允許你單獨率先上路，棄隊友於不顧？思考的次序是法（法律）、理（道德）、情（道義）不可顛倒。若法律上不容許你（身為領隊）這麼做，那就一切免談，準備與隊友共亡，否則你存活下來仍需面對法律制裁。若法律上單獨逃生沒有違法，但道德上不允許你這麼做（如父母也在現場），你又搶先逃生且存活下來，品德上就有瑕疵，一輩子被人指指點點逆倫不孝。若法律、道德上你都可以遺棄隊友率先逃生，但道義上拋棄團友，自己內心終身愧疚 [註 74]。

作者於民國 60 年 8 月求學時，同校同學組隊登山發生第一次奇萊山山難，七人隊伍有五位隊友罹難；倖存之一的女同學事發時因體力單薄，隊友體貼地背上她沉重的背包繼續在狂風豪雨中奔逃，卻不幸負荷過重、耗盡體能、缺氧往生……。在法律上、道德上，女同學交出背包由隊友背負沒有錯，但在道義上卻加速隊友步向死亡！這也是為什麼倖存的女同學這輩子內心深處，永遠有個泣血椎心之痛。

最後一個話題：衝突不能化解、談判宣告破裂、處置危機也失敗，大禍臨頭各自也不飛了，所有的努力通通失敗時怎麼辦？你先不必忙著準備投胎，你在臨危或臨終前記住要依序執行四個步驟：

(1)先沉澱心情、深呼吸控制情緒。

(2)冷靜研析是否能規避臨頭的大禍，如何規避？

(3)若能規避，是否能降低損害，如何減損？

(4)若無法規避、也不能減損，生死關頭一到，仍要奮力一搏，迄最後一刻。

在有生時刻要問心無愧，對得起自己，就得照著上述四個步驟執行。一旦你有機會倖存，你會活得心安理得、快樂自在，不會有愧疚和陰影長相伴隨。

注　釋

[註 67]　Alan Cavaiola, Joe Colford, and Joseph E. Colford, *A Practical Guide to Crisis Intervention*, pp. 285 (Metropolitan Books, LA, February 2005). ISBN 0- 61811-632-X.

[註 68]　Richard Werre, *How to Survive Crisis and the Abuse of Power in the Workplace*, pp. 224 (Universe, NYC, September 2004). ISBN 0-59532-914-4.

[註 69]　Richard K. James and Burl E. Gilliland, *Crisis Intervention Strategies*, pp. 640 (Wadeworth Publishing, LA, August 2004). ISBN 0-53456-966-8.

[註 70]　張文瑞，《危機談判》，頁 520（三民書局，臺北市，2015 年 11 月）。ISBN 978-957-4329-60-1。

[註 71]　Douglas S. Derrer, *We are all the Target: A Handbook of Terrorism Avoidance and Hostage Survival*, pp. 135 (Naval Institute Press, Annapolis, MD, June 1992). ISBN 1-55750-150-5.

[註 72]　福田健著，莊雅琇譯，《道歉的藝術：說對話，危機就能變轉機》，頁 216（天下文化，臺北市，2015 年 5 月）。ISBN 978-986-3207-29-0。

[註 73]　Malcolm Gladwell, *Blink: The Power of Thinking Without Thinking*, pp. 288 (Little, Brown, NYC, January 2005). ISBN 0-31617-232-4.

[註 74]　Joy P. Canady, *You Can Have Hope in the Middle of Any Crisis*, pp . 112(Authorhouse, NYC, March 2004). ISBN 1-41407-247-3.

第 拾 章　個人危機善後與鑑評

兵聖孫武《孫子兵法》九地篇

> 將軍之事，靜以幽，正以治；
> 能愚士卒之耳目，使之無知。
> 易其事，革其謀，使人無識，
> 易其居，迂其途，使人不得慮。

個人危機新注《孫子兵法》

個人危機控管高手，不論成敗，他應達致沉著冷靜、深思熟慮的修養，對親友公平無私，自律嚴謹；他更需巧妙地對外隱藏自己的創痛，使人無法知曉他的經歷。他澈底改變過往掛一漏萬的習性與輕率的作為，讓對手猜不透他的一動一靜。他能適時變更行止，更能讓對手摸不透，也無從預估他的意圖。

個人危機的後期（善後期）目標，是「止危於復甦」，在經歷了個人危機潛伏期、爆發期、善後期的煎熬後，要能撫平創痛重新出發，就得將創痕深埋內心，以積極健康的心境面對新的人生，大步邁進。除了療傷止痛，還要防止一錯再錯，更是重生之後的危機預防。在熬過危機倖存，只要活著就有希望，「留得青山在，不怕沒柴燒」。止危於復甦，就是要做好做完善後鑑評，經此教訓後，期望同樣的危機不要再發生。

第 35 單元　善後：永遠的創痕如何深埋

表 14　創傷後壓力症候（PTSD）期程與時程

期　　　程		時　　　　　　　程
第一期	震撼期	高 EQ：數小時～數日，低 EQ：數週以上
第二期	過激期	高 EQ：數日～數週，低 EQ：數月以上
第三期	恢復期	高 EQ：數週～數年，低 EQ：數十年以上

（作者製表）

　　危機過後，若當事人倖存，善後與鑑評一定要做完、做好，達致「止危於復甦」，有信心預防同樣的危機再度發生。然而，危機過後真實的心境呢？第 2 單元提到的創傷後壓力症候（PTSD），是危機過後倖存者普遍的心靈傷口，特別是個人危機具「兩快一慢」的特質：發生得快、過去得快，但造成的創傷癒合得特別慢。如上揭表 14 所列，創傷後壓力症候（PTSD）按時期分為三期 [註 75]：

❶ 第一期（震撼期）

　　危機倖存者的心境是感覺麻痺、難以置信、不能面對殘局，對危機居然發生在自己身上不能理解。這些暫象時現通常在數週內逐漸消退，而情緒控管良好者，數小時內即可擺脫這段「六神無主、腦袋空白」的震撼期。

❷ 第二期（過激期）

　　雨過天尚未放晴。當事人就算熬過了震撼期，但心境立即陷入空前低潮，在行為上的表徵，會過度反應甚至激烈反應。在這段期程，

當事人針對那些直接、間接導致個人危機爆發的關係人，表達明顯的憤懣、敵視，間接用語言霸凌的方式詆毀關係人。當事人在不願承認失敗的窘境下，面對現實的生活中充滿了焦慮、不安；待人處事總是疑心重重、神經質、食慾不振與睡眠品質差，都是生理上普遍的現象。當事人對危機往事若非絕口不提，就是抓著至親好友喋喋不休地辯解不是自己的錯。這些心理、生理現象通常在數個月或數年內方逐漸消退，情緒控管良好者，數日內就可擺脫這段過激反應期。

③ 第三期（恢復期）

創痕傷口會癒合，也可能會潰爛。過激期接續下來的是長長久久的恢復期，心靈上的創傷要用心藥去醫，除了向精神科專科醫師求診或向心輔師諮商，心靈處方還是要靠當事人自己抓藥。多數人在危機過後的餘生逐漸恢復，但也有人因此罹患第 7 單元所提及的憂鬱症，甚至以自殺收場。情緒控管良好者，短則數週、長則數年內就可脫離恢復期，回歸正常生活。

不論是學習類、感情類、財務類、健康類或事故類的個人危機，危機過後只要能倖存，鋸箭療傷止痛的善後療程，當事人的心病自己要抓的心靈處方，不論危機的類別，處方全都一樣：改變自己、重新出發 [註 76]。下列十種心靈處方，提供當事人自我抓藥自療：

⑴ 只要危機景象在當事人腦海中再度浮現，當事人就得在內心用力向自己吶喊：「我不會再讓它發生！」期望在最短期程內忘掉過去。

⑵ 腦袋一片空白、茫然不知所措時，當事人就得集中注意力於身邊要做的瑣事（如搭車途中去想到站下車後該做的事），讓自己心緒忙碌。

⑶ 獨處陷入回憶時，當事人須刻意跳過危機，回溯過去美好的記憶（如曾獲獎載譽凱旋），避免勾起創痛。

⑷ 無所事事時，當事人就得思考未來的生涯，設定願景（如有

生之年，造訪世界七大文化遺產），逐步規劃願景，期有朝一日成真。

⑸當事人保持樂觀，展現自己的幽默感（如幻想帶領大象跳「江南 Style」舞），儘量讓生活多采多姿，擺脫危機陰影帶來的灰色與黑色。

⑹當事人讓自己忙碌但不空虛，掛網與網友聊些有的沒的，基本上是殺時間「混吃等死」，離線後心靈仍是空虛死寂；當事人忙碌又扎實的作為，一定會涉及實體創作（如寫作、譜曲、繪畫等），創作進入忘我境界時，可完全忘卻創痛。

⑺為了防止觸景傷情，當事人必要時得換個環境（如遠離傷心小城），包括轉學、換工作、搬家；短效的作為，則包括出國旅遊散心、請假休養等。

⑻當事人對自己須重建曾遭擊潰的信心，危機過後倖存，不可一再否定自己，反而要肯定自己；倖存就表示還有希望等著你，一定要重塑自信，逐步站穩。

⑼當事人鼓起勇氣，向精神科專科醫師求診或心輔師諮商，透過正規心理治療，由專業的醫師及心輔師協助你儘快走出陰霾。

⑽以毒攻毒：當事人記錄下每一件涉及個人危機的蛛絲馬跡，重建危機圖像，但是要鑑評如果重新再來一次，如何避免危機。記錄初稿一有空就拿出來增刪修訂，直到自己不想再閱讀改正為止。

每個當事人的危機際遇不同，創傷後壓力症候（PTSD）恢復的期程長短也有別，但是絕對要認定自己還有希望，就真的會有希望，才會好好存活下去 [註 77]。

第 36 單元　鑑評：防止一錯再錯

明天過後……前事不忘，後事之師

個人危機處置成功	個人危機處置失敗
勝莫驕，有傷趕緊療	敗勿餒，只要活著就有希望
戰勝危機，解除了威脅	承認失敗，善後收尾
處置危機，弄清本身的立場	認錯道歉，放下身段
不爭功，使自己更理性	澈底檢討，防止再犯
成效評估，就更有自信	忘掉創痕，重新出發

個人危機中期（爆發期），處置危機的結果只有兩種：處置成功與處置失敗，而處置失敗亦分成兩樣截然不同的結局：死亡或倖存。若個人危機處置失敗且以死亡收場，則個人危機後期（善後期）就什麼都不必掛心了。但是，只要個人危機處置成功，或處置失敗但倖存，當事人就要做好善後期的歸詢工作與鑑評分析。

如上方框所列，個人危機爆發歷經浩劫後正確的作為與心態應為：

1 個人危機處置失敗但倖存

只要活著，就有希望。世俗對成功的認知，多半是風風光光一路贏上來從未輸過；事實上，這種「從未輸過的成功人士」就危機控管角度而言，十分危險。就因為從未輸過，一旦遭受挫折，能否熬過是個問號，搞不好就「見光死」，遭受丁點挫折就立即崩解。因此，「成功人士」正確的詮釋，不是他贏過多少回，而是他遇到失敗跌倒，需時多久可重新站起。人不可能一輩子從未輸過，失學、失業、失戀、

失財的記憶猶在，故而處置個人危機失敗千萬別氣餒，證明給自己看「我將再起」。只要倖存，在療傷止痛之際，正確的作為應是：

⑴ 承認失敗，作個了斷。

⑵ 立即認錯，放下身段，該道歉的就向對手道歉。

⑶ 澈底檢討，防止自己重蹈覆轍。

⑷ 忘掉創痕，但記取教訓、重新出發。

② 個人危機處置成功

個人危機善後期期間最忌諱的，是志得意滿、不可一世，自視過高自認可一再履險如夷。要注意能處置個人危機、成功逃過一劫，並不保證下一回還能逢凶化吉，故正確的心態應為：

⑴ 要以謙卑的態度檢討是否有改進的空間，勝莫驕。

⑵ 雖然戰勝危機也解除了威脅，但療傷止痛不可延誤就醫。

⑶ 處置危機成功，趁機釐清自己到底是如何戰勝。

⑷ 不搶功，理性評估處置成功的成效，讓自己爾後更有信心。

「歸詢」（debriefing）是個舶來品，也是安全文化內不可或缺的一環。歸詢的定義為「事過境遷詳查來龍去脈、前因後果，留下檢討資料作為改革依據或參考」[註 78]。若遇重大災難性的個人危機事後不知反省改進，同樣的危機若一再出現，終有一次你會因沒做好「止危於復甦」而陰溝內再度翻船。歸詢既然是檢討個人危機事後成敗的經過與因果，要前事不忘、後事之師，一定要在歸詢完成後實施評鑑（assessment）。

評鑑是「前車之鑑」，絕對不可以用來當作秋後算帳、懲罰團隊成員的藉口，否則團隊成員無不爭功諉過、推卸責任，評鑑只會流於形式。能夠歷久不衰的有效評鑑一定要行諸文字（或影音）紀錄存查，紀錄要包括完整的五問加一答（5W+1H）：個人危機是誰（Who）參與涉入？釀成何種（What）危機？在何時段（When）潛伏、爆發、善後？在何處（Where）潛伏、爆發、善後？為何（Why）會發生危

機？五問之後總成時，還要加注一答，即如何（How）避免相同或類
似的個人危機再度發生？評鑑紀錄中的 5W 可用條列式或圖表回應問
題，1H 則需編寫「止危作業程序書」，好讓當事人照著做，達致「止
危於復甦」的個人危機後期（善後期）終極目標。

　　有志青年加入航空業，能當空姐、空少，甚或機師真夠風光，但
是天天飛來飛去，風險應該不小吧？科技新貴、跨國行銷業務員也得
當空中飛人，風險應該也不小吧？偶而權充全球趴趴走的旅遊達人，
會不會擔心飛安風險？提到搭飛機，很多人會怕怕，尤其是班機全
毀、機上乘客與飛勤組員全部罹難的多次重大飛安事故，全球媒體一
再競相報導血腥的空難現場，令人餘悸猶存。搭上死亡班機屬事故類
的個人危機，搭飛機到底危不危險？該不該搭？也算是個人搭機前該
做的評鑑功課。因此，本單元就以「搭飛機是否危險」先做一次評鑑
示範案例，替可能的個人危機潛因把脈。

　　根據「國際民航組織」（International Civil Aviation Organization,
ICAO） 民國 104 年的統計資料顯示：靜態資料方面，全球適航的民
航業與普航業之航空器共 44.5 萬架，其中我國籍的航空器僅 232 架
（占比 0.05%）；全球民用機場約 4.9 萬座，其中我國僅 17 座（占
比 0.04%）；全球每 1 萬平方公里地面約有 1 座民用機場，其中我
國卻有 4.7 座（密度是全球的 5 倍）。動態資料方面，全球每日飛航
98,660 架次，其中我國籍的航空器 692 架次（占比 0.7%）；全球每
日累計 17.9 萬飛行時數，其中我國籍的航空器累計 1,836 飛行時數（占
比 1.02%）；全球每日飛運 466 萬人次，其中我國籍的航空器承運 9.3
萬人次（占比 2.0%）；全球每日飛行運輸 18 萬噸貨物，其中我國籍
的航空器承運 0.45 萬噸貨物（占比 2.5%）。這些統計資料，說明了
我國航空業的蓬勃發展 [註 79]。

　　國際民航組織（ICAO）為服務航空商旅，早於民國 41 年就劃設
「臺北飛航情報區」（Taipei Flight Information Region, Taipei FIR），
責付我國在指定空域內執行飛航管制服務。臺北飛航情報區自民國
60 年我國政府喪失聯合國代表權與 ICAO 會員資格後，服務範圍被
限縮到僅剩 8.8 萬平方浬。去年全年每天服務約 4,000 架次過境及入

出境航空器，任一時段都有 50~250 架在空機飛航於 Taipei FIR 空域內，服務頻率密度是全球平均值的 70 倍。

我國近年（民國 85~104 年）各年度的航空運輸旅客人數，從民國 85 年的 3.6 千萬人次，增至民國 104 年的 5.8 千萬人次，如圖 19 所示。圖中顯示國內線旅客運量萎縮，自民國 85 年運輸 1.8 千萬人次，逐年降低迄民國 104 年僅剩 0.8 千萬人次；惟國籍航空器運輸的國際線出入境及過境旅客卻逐年增加，自民國 85 年運輸國際線旅客 1 千萬人次，逐年增加迄民國 104 年達 3.4 千萬人次。圖 19 亦顯示外籍民航機在我國運輸的國際線旅客，亦自民國 85 年運輸 0.8 千萬人次，逐年增加迄民國 104 年達 1.6 千萬人次。忙碌的機場與頻繁的出入境旅客，不也說明了我國逐步融入地球村，與國際全面接軌。

我國近年（民國 85~104 年）各年度的航空器起降飛行量，也略微增加，從民國 85 年的 42.3 萬起降架次，略增至民國 104 年的 48.1 萬起降架次，如圖 20 所示。不過，拜高鐵通車之賜，二十年間民航國內線飛行量大幅衰退，同時也拜開放觀光之便，同一期間國際線飛行量大幅增加。圖 20 顯示國內線飛行量由民國 85 年的 28.9 萬架次，逐年萎縮到民國 104 年的 8.4 萬架次；國籍民航機國際線的飛行量自民國 85 年的 6.2 萬架次，逐年暴增到民國 104 年的 25.3 萬架次。外籍民航機的飛行量亦自民國 85 年的 7.2 萬架次，逐年倍增到民國 104 年的 14.4 萬架次。

不過，自二次戰後迄今的七十餘年間，全球民航業與普航業的空難機毀人亡數目，已超過 1 萬架，10 萬以上的組員與乘客罹難（統計資料還不包括軍用機與公務機），足見航空業也有風險。航空器失事的「飛安事故」，專指航空器飛行造成機毀人亡事故。飛安事故的定義為：「自航空器脫離空橋後推起，迄於目的地駛入空橋銜接艙門關閉止，其間發生重大飛安事故致使搭載乘員及（或）地勤、地面人員死亡，或航空器全毀的事故」。飛安事故造成的死亡，國際死因分類係屬於 V95~V97「空中運輸事故傷害」類。民國 104 年全年我國八大事故類累計有 7,033 人死亡，其中僅 47 人死於三起渦槳機與直升機的空中運輸事故傷害；飛安事故傷害往生的人數固然微不足道，

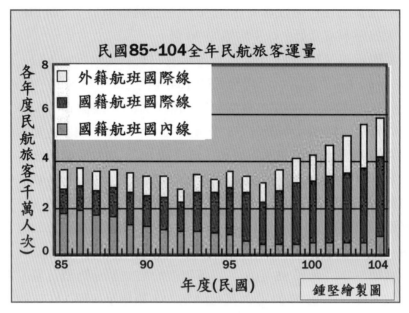

圖 19　我國近年各年度航空運輸旅客量

（統計數據摘自 http://www.caa.gov.tw）

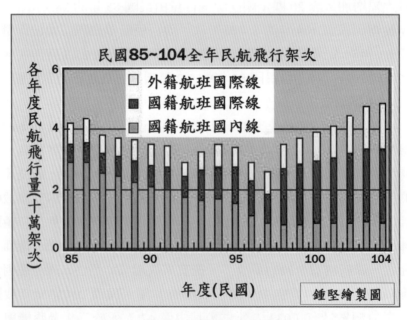

圖 20　我國近年各年度航空器飛行量

（統計數據摘自 http://www.caa.gov.tw）

表 15　從航空器飛行過程剖析空難機率

飛行段落	飛安事故率	乘員罹難率
離到滑行	12%	0%
衝場抬頭	12%	16%
一邊離場	8%	14%
末端爬升	10%	13%
高空巡航	8%	16%
初始下降	4%	4%
終端下滑	10%	12%
五邊進場	11%	13%
落地滾行	25%	12%
合　計	100%	100%

（作者製表）

（統計數據摘自 www.jacdec.de）

但它所造成的家庭、社會衝擊與國家形像的損害，卻令人震撼。

　　從起飛到降落，失事的魔鬼都藏在每個飛行段落裡。從航空器脫離空橋後推起，迄於目的地駛入空橋銜接艙門關伸止，飛行段落概分為「離站滑行」（Departure Taxxing）、「衝場抬頭」（Take off）、「一邊離場」（Initial Climb）、「末端爬升」（Final Climb）、「高空巡航」（Cruise）、「初始下降」（Decent）、「終端下滑」（Initial Approach）、「五邊進場」（Final Approach）、「落地滾行」（Landing）、「到站滑行」（Arrival Taxxing）等十段航程。通常飛安事故多發生在飛航段，故也有的評鑑將地面的「離站滑行」與「到站滑行」合併為「離到滑行」（Taxxing），簡化飛安分析。

　　表 15 列舉了「航空公司渦噴機失事數據評鑑中心」（Jet Airliner Crash Data Evaluation Centre, JACDEC）針對過往七十年失事航空器，在每個飛行段落所統計之「飛安事故率」與「乘員罹難率」[註 80]。以桃園直飛東京為例，3 小時的渦噴機航程中，離到滑行各 10 分鐘、衝場抬頭 1 分鐘、一邊離場 1 分鐘、末端爬升 13 分鐘、高空巡航 120 分鐘、初始下降 10 分鐘、終端下滑 11 分鐘、五邊進場 3 分鐘、

落地滾行 1 分鐘。不同的航程用不同的機型，飛行時數也不同，但除了高空巡航長短不一，每個飛行段落使用時間均大同小異；再以桃園直飛紐約為例，15 小時的渦噴機航程中，高空巡航段就長達 14 小時。表 15 固然說明了每個飛行段落都是步步驚心，但發生飛安事故風險最高的段落，分別是表中灰階的「衝場抬頭」、「一邊離場」、「五邊進場」與「落地滾行」段落，累計的「飛安事故率」與「乘員罹難率」，分別高達 56% 與 55%，且集中發生在起降短短 6 分鐘內！

如第 4 單元所述，過往七十年間的機毀人亡重大飛安事故統計顯示事故肇因，係飛勤組員的人為疏失、航空器的機械故障加上航管、維修、地勤人員的疏忽，就占了飛安事故肇因的八成，航空公司的鬆散管理，成為飛安事故的主因。航空公司渦噴機失事數據評鑑中心（JACDEC）針對全球兩千餘家民航公司與普航公司作出以下評鑑：前段班（JACDEC 的 1~40 名）平均每 1,980 萬飛行時數才發生一次空難，該次空難平均約 80 名乘員罹難；中段班（JACDEC 的 41~80 名）平均每 200 萬飛行時數就發生一次空難，該次空難平均約 30 名乘員罹難；後段班（JACDEC 的 81 名以後）平均每 19 萬飛行時數發生一次空難，該次空難平均約 3 名乘員罹難；全球所有民航公司與普航公司，平均每 256 萬飛行時數發生一次空難，該次空難平均約 36 名乘員罹難，空難平均存活率 24%。在我國登記的民航公司與普航公司各有九家，名列前段班僅有一家。國籍航空業的表現，從全球整體評比，實有待加強。

飛航安全，也與航空器的大小有關。「最大起飛總重」（Maximum Take-off Weight, MTOW）在 15 噸以上，或超過百人座的大型航空器，全球平均每百萬飛行時數發生 0.27 次空難，每次約 55 名乘員罹難；我國籍的大型航空器目前適航數目有 186 架，近二十年已失事 7 架，平均每百萬飛行時數發生多達 0.71 次空難，每次空難平均存活率僅 45%。最大起飛總重（MTOW）在 6~15 噸，或 20~100 人座的中型航空器，全球平均每百萬飛行時數發生 2.2 次空難，每次約 6 名乘員罹難；我國籍的中型航空器目前適航數目有 26 架，近二十年已失事 4 架，平均每百萬飛行時數發生高達 3.4 次空難，每次空難平均存活

表 16　民國 85~105 年間我國籍民航機與國境內失事紀錄

日期時間（民國）	公司與機型	失事型態	航機	乘員亡 - 存
85-04-05 16:26	國華 D-228	馬祖五邊進場墜海	沉沒	6 - 11
86-02-22 09:15	華航 B-747	桃園一邊離場遇亂流側滾	折返	1 - 187
86-08-10 14:50	國華 D-228	馬祖五邊進場撞山	全毀	16 - 0
87-02-16 20:43	華航 A-300	桃園落地滾行衝出跑道爆炸	焚毀	203 - 0
87-03-18 19:50	國華 SB-340	新竹末端爬升墜海	失蹤	13 - 0
88-08-22 16:40	華航 MD-11	香港落地滾行撞擊側翻	全毀	3 - 211
88-08-24 12:34	立榮 MD-90	花蓮落地滾行客艙起火	全毀	1 - 95
89-10-31 23:17	新加坡航空 B-747	桃園衝場抬頭撞工程車	全毀	83 - 96
91-05-25 15:38	華航 B-747	桃園末端爬升空中解體	失蹤	225 - 0
91-12-21 01:52	復興 ATR-72	高空巡航於馬公香港間墜海	失蹤	2 - 0
92-03-21 22:35	復興 A-321	臺南落地滾行撞擊軍車	報廢	0 - 175
96-08-20 10:57	華航 B-737	到站滑行失火	報廢	0 - 165
103-07-23 19:06	復興 ATR72	馬公五邊進場墜毀	全毀	47 - 11
103-12-21 15:29	德安 D-228	臺東落地滾行忘放起落架	全毀	0 - 3
104-02-04 10:54	復興 ATR72	松山一邊離場墜毀	全毀	43 - 15
105-05-06 22:55	威航 A-321	高空巡航沖繩空域座艙失火	折返	0 - 161

注：國華（前永興）航空併入華信航空，華信航空為中華航空旗下子公司；立榮航
空為長榮航空旗下子公司，威航航空為復興航空旗下廉價航空公司。

（作者製表）

（統計數據摘自 http://www.asc.gov.tw）

率僅 21%。最大起飛總重（MTOW）在 6 噸以下或少於 20 人座的小型航空器，全球平均每百萬飛行時數發生 4.5 次空難，每次約 1 名乘員罹難；我國籍的小型航空器目前適航數目有 13 架，近二十年已失事 3 架，平均每百萬飛行時數發生 4.8 次空難，每次空難平均存活率竟為 0%！另外，我國籍的普航業直升機目前適航數目有 7 架，近二十年已失事 15 架，平均每一萬飛行時數竟發生 1.7 次空難，每次空難平均存活率為 70%，真是悲慘。

　　表 16 列出民國 85~105 年間我國籍民航機（加上外國籍民航機在國境內）失事 16 次的全紀錄（不包含普航業航空器），旅客與飛勤組員共有 643 人死亡，1,130 人倖存。航空乘客二十年來往生者，乍看之下遠較同期間道路交通事故死亡人數（合計 4.6 萬人死亡，見第

31 單元圖 18）少太多，航空業界振振有辭、厚顏強調，搭飛機遠較騎乘機車要安全，死亡人數比例為 1：72，你相信這種論調嗎？

我國籍航空器的機毀人亡失事率固然遠低於國內道路交通事故率，但與全球平均飛安事故率相較，會不會高很多？近二十年全球各航空公司累計離場 70,422 萬架次，我國籍航空器離場 682 萬架次；同一期間全球發生空難 500 次，我國籍航空器如表 16 所列，累計 15 次。兩相除可得全球平均飛安事故率為每百萬離場架次摔 0.71 架，我國籍航空器卻高達每百萬離場架次摔 2.20 架！我國籍航空器每 82 萬飛行時數，就發生機毀人亡空難，的確較全球平均值的 256 萬飛行時數才一次空難差很大，我國籍民航業要努力提升飛安文化。

回到搭飛機前需作足飛安的評鑑功課：空難何時會發生？天天飛的乘員是高風險群？空難發生時的存活機率？

1 空難何時會發生？

全球航空器平均每 256 萬飛行時數發生一次空難，是指累積飛行時數至一半空難就發生？還是第 1 小時就發生？抑或第 256 萬小時終時發生？其實，統計數據無法告訴你何時會發生空難，桃園直飛紐約飛行時數只有 15 小時，是 256 萬小時的零頭都不到，不用擔心。

2 天天飛的乘員是高風險群？

全球航空器的機組組員、航空公司死忠的貴賓卡會員，若每年平均飛 720 小時且連續二十五年，則累積 720 X 25 = 18,000 飛行時數，發生飛安事故的機率為 18,000/2,560,000 = 1/142，乘員罹難率為（1 － 存活率）×1/142 =（1 － 24%）×1/142 = 0.54%。空難往生只有不到百分之一的 0.54%，機率算高嗎？如第 20 單元公式 [2] 所示，現代社會法律規範準則，以統計風險率為依據，警戒值約在三千分之一（0.033%），低於此，屬於趨近零風險的安全範圍；但天天飛的乘員二十五年累計增加空難罹難機率，是法規限值的 16 倍，介於「極

低風險」的 2.1% 與接近「零風險」的 0.033% 間，但家屬還是擔心這是高風險職業啦！

③ 空難發生時的存活機率？

全球航空器每次空難平均有 36 名乘員罹難；搭上死亡班機是否一定死（一路好走，來生再見）？存活率僅 24% 的你，有機會倖存嗎？座位在哪兒存活率較高？統計數據還是無法告訴你，但你的座位靠走道、座位緊鄰逃生艙門，你的體能、智能一極棒，在機上沒喝茫的你或許有機會存活！

航空業與旅客都要有正確的風險認知，特別是我國籍的航空業。航空業該有的飛安兵法：航空業須建置並深耕安全文化，落實「說你能做、做你所說、說到做到」以降低飛安風險 [註 81]。你我身為搭機乘客，住離島往返臺灣本島為求快捷、方便、舒適，只能捨棄交通船，搭國內線民航機；到歐美留學、觀光，唯一省事、省時的交通工具，也只有國際線民航機。經過以上量化的評鑑，旅客該有的搭機兵法：旅客若無法自選航空公司、挑班機或秒殺搶座位，至少要 (1) 聽從座艙安全廣播及空服員指示，搭飛機只要一坐定就扣上安全帶，以免無預警突發性的晴空亂流，導致飛機劇烈震動甚至側滾；(2) 在短短 6 分鐘的起降階段（機毀人亡的罹難率高達 55%），罩子放亮點、手腳靈活些；(3) 搭機心情要輕鬆、身段要優雅。

注　釋

[註 75]　Glenn R. Shiraldi, *Post-Traumatic Stress Disorder Sourcebook*, pp . 446(McGraw-Hill, NYC, January 2000). ISBN 0-73730-265-8.

[註 76]　Bill O'Hanlon, *Thriving Through Crisis: Turn Tragedy and Trauma into Growth and Change*, pp. 224 (Perigee Trade, Chicago, February 2005). ISBN 0-39953-073-8.

[註 77]　Cheryl McGuinness, *Beauty Beyond the Ashes: Choosing Hope After Crisis*, pp. 244 (Howard Publishing, Chicago, November 2004). ISBN 1-58229-389-9.

[註 78]　Robert Littell, *The Debriefing*, pp. 252 (Overlook Hardcover, LA, June 2004). ISBN 1-58567-544-X.

[註 79]　參考國際民航組織 ICAO 網站（www.icao.int）內的統計資料。

[註 80]　民航公司失事數據評鑑中心（Jet Airliner Crash Data Evaluation Centre, JACDEC）網址：www.jacdec.de。

[註 81]　華明琇，《地勤機密：飛航安全始自地面，透視航空地勤內幕》，頁 288（好人出版，臺北市，2016 年 1 月）。ISBN 978-986-9155-79-3。

第 拾 壹 章　性侵害危機

兵聖孫武《孫子兵法》作戰篇
故兵貴勝，不貴久。
個人危機新注《孫子兵法》
所以個人危機的控管，貴在快速，絕不可以拖拖拉拉釀成巨禍。

性侵害恆為女性受害者個人生涯中最大的創痛，也是個人危機的終極試煉。「知己知彼、勝乃不殆」，要防範性侵害，需對受害者及加害者的性別、年齡、教育程度及職業詳加分析，以方便認識、預判性侵害危機。本章亦針對婦女讀者提供性侵害危機的預防、處置與善後之原則，期望性侵害危機永不上身。

第 37 單元　個人危機的終極試煉

表 17　民國 93 年及 103 年強制性交刑案受害者統計

年度	民國 93 年	民國 103 年
人數	2,142 人	4,052 人
均齡	18.4±10.6 歲	19.2 ± 14.5 歲
性別	女（97.7%）、男（2.3%）	女（92.5%）、男（7.5%）
教育	國中畢（51.2%） 高中職畢（23.2%）	國中畢（52.2%） 高中職畢（23.8%）
職業	學生（46.4%） 無業（33.4%）	學生（62.4%） 無業（13.7%）

（作者製表）

（統計數據摘自 http://www.npa.gov.tw）

　　由於低收入戶、單親家庭、隔代教養問題多，造成了現今強制性交（包括單一嫌疑犯的強暴、二人以上嫌疑犯的輪暴、姦淫幼童、性霸凌及同性性侵害）犯罪氾濫 [註 82]。強制性交已成為個人危機凌駕在學習類、感情類、財務類、健康類及事故類之上的另類災難。因此，在本書中特闢專章探討這種另類個人危機的終極試煉，並針對性侵害提出特有的危機預防、危機處置及危機善後原則。

　　依據內政部警政署的統計資料顯示，報案且又破案的強制性交刑案，近十年來由兩千餘件增加到四千件以上；然而，我國保守的傳統文化，加上對貞操與名節的重視，又害怕曝光受到二度傷害，導致真正發生的性侵害未報案件數，是官方統計資料的 7 至 32 倍。易言之，增列強制性交未破案及未報案件數，每年性侵害案件至少 2.8 萬件，平均每小時甚至多達 15 件發生。

表 18　民國 93 年及 103 年強制性交刑案加害者統計

年度	民國 93 年	民國 103 年
人數	2,535 人	4,049 人
均齡	30.3±14.6 歲	32.8 ± 11.1 歲
性別	男（99.0%）、女（1.0%）	男（97.9%）、女（2.1%）
教育	國中畢（40.0%） 高中職畢（38.5%）	國中畢（27.8%） 高中職畢（50.4%）
職業	勞工（39.1%） 無業（31.9%）	勞工（39.1%） 學生（21.4%） 無業（18.4%）

（作者製表）

（統計數據摘自 http://www.npa.gov.tw）

　　上揭表 17 列舉了民國 93 年及 103 年強制性交刑案破獲的受害者基本資料。十年期間破獲強制性交刑案的受害者增加了九成，受害者九成二以上為女性，男性受害者從 2.3% 逐年遞增至 7.5%；女性受害者的平均基本資料，是年輕（平均年齡 18~19 歲）、在學高中學生、有國中學歷的待業青少年或中輟生。足見中學的兩性教育與校園的性侵害防治宣導，實有待加強 [註 83]。

　　表 18 列舉了民國 93 年及 103 年強制性交刑案破獲的加害者基本資料。十年期間破獲強制性交刑案的加害者增加了六成，特別是民國 93 年加害者的總人數較受害者多出 393 人，說明了共同強制性交（兩人以上加害輪暴）占了相當的比例，民國 103 年加害輪暴案銳減。十年期間加害者的性別總以男性為主，女性加害者從 1.0% 逐年遞增至 2.1%。加害者的平均基本資料是熟男（平均年齡 30~32 歲的猛男）、僅有國中學歷的加害者銳減、高中職學歷的加害者略增。民國 93 年加害者的職業以勞工為主、無業次之，兩者占當年加害者的七成。到了民國 103 年加害者的職業近四成仍為勞工，學生身分及無業加害者各有兩成。值得注意的是，近年來強制性交刑案破獲的加害者為高學歷的白領階級日漸增多，民國 103 年大專以上高學歷的「衣冠禽獸」，占性侵害刑案加害者的 5%，令人震驚。

從表 17 與表 18 作交叉比對，十年間七成的強制性交刑案破獲的通案特質，綜合整理如下：

民國 93 年男性加害者約 30 歲、低學歷（國中畢或高中職畢）、職業為勞工或無業；女性受害者約 18 歲、低學歷（國中畢或高中職畢）、職業為學生或無業。

民國 103 年男性加害者約 33 歲、低學歷（高中職畢或國中畢）、職業為勞工、學生或無業；女性受害者約 19 歲、低學歷（國中畢或高中職畢）、職業為學生或無業。

性侵害犯罪手法依序是空手強暴（37.2%）、姦淫幼童（24.3%）、脅迫姦淫（10.5%）、其他強暴方式（4.2%）、迷藥強暴（3.6%）、恐嚇後強暴（2.7%）、仗勢強暴（2.1%）、持械強暴（1.3%）、詐術強暴（0.6%）、臨機強暴（0.5%）、強暴後傷害及其他類（13%）。若先姦後殺釀成人命，則另計列在侵襲事故（國際死因分類 Y04~Y09，如第 11 單元表 6）。性侵害的犯罪預備措施，最常見的五種方式依序是：約會強暴、趁人熟睡姦淫、尾隨強暴、利用職務仗勢姦淫與結夥輪姦。

圖 21 顯示民國 93 年加 103 年強制性交刑案受害者性別、年齡分布。圖中數據突顯四項事實：⑴ 受害者的年齡從 4 歲幼年兒童至老年（65 歲以上）阿嬤都有；⑵ 女性受害者占絕大多數，男性受害者多為幼年（11 歲以下）及少年（12~17 歲）；⑶ 少女受害者（占所有受害者的 49.7%）為最高危險群；⑷ 次高危險群的女性受害者為青年（18~39 歲）及成年（40~64 歲）。十年來受害者教育程度詳細分類依次為：國中學歷（51.9%）、高中職學歷（23.6%）、國小學歷（17.3%）、大學以上學歷（4.7%）及文盲（2.5%）。十年來受害者的詳細職業分類依次為：學生（56.9%）、無業（20.5%）、服務業（7.4%）、勞工（5.5%）與其他（9.7%）。除了女性國民恆為性侵害的高危險群，在西方情色風吹拂下，姦淫幼年兒童的戀童癖性侵事件，已占強制性交刑案 13% 以上 [註 84]。

圖 22 顯示民國 93 年加 103 年強制性交刑案加害者性別、年齡分布。圖中數據也突顯四項事實：⑴ 加害者的年齡層，從幼年兒童

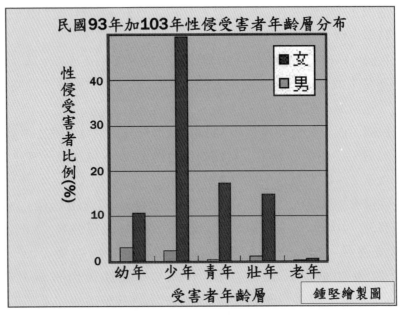

圖 21　民國 93 年加 103 年強制性交刑案受害者性別、年齡分布
（統計數據摘自 http://www.npa.gov.tw）

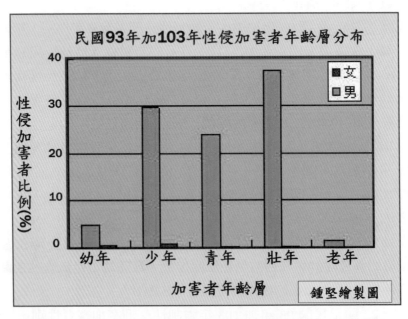

圖 22　民國 93 年加 103 年強制性交刑案加害者性別、年齡分布
（統計數據摘自 http://www.npa.gov.tw）

（5.6%）到老年（1.6%）的「怪爺爺」阿公都有；⑵ 加害者幾乎都是男性，其中僅極少數為女性加害者（約 1~2%）；⑶40~64 歲的壯年男性「怪叔叔」，是性侵害罪犯的最高危險群，占所有罪犯人數的37.4%；⑷ 次高危險群的男性罪犯年齡層依序為少年（29.8%）及青年（24.1%）。十年來加害者教育程度詳細分類依次為：高中職學歷（45.8%）、國中學歷（32.5%）、大學以上學歷（11.9%）、國小學歷（7.8%）及文盲（2.0%）。十年來加害者的詳細職業分類依次為：勞工（39.1%）、無業（23.6%）、學生（18.3%）、服務業（13.0%）、白領階級專技人員（3.9%）及其他（2.1%）。

　　大學校園內性侵害的犯罪預備措施，最常見的是約會強暴，進入職場最常見的，是利用職務仗勢姦淫。近年來，披著狼皮的高階主管、高所得且高學歷的「三高情狼」愈來愈多，民國 103 年男性加害者擁有碩、博士學歷者占 1.3%，絕不能加以忽視。另一方面，女性受害者為高階主管或具高學歷，也占所有受害者的 0.2%。

　　綜上分析，婦女遭受性侵害的特質，是受害者的年齡分布在 4~80 歲間，各類職業及各種教育程度都有，其中關鍵群是 12~19 歲的少女為受害高危險群，39 歲以下的青年婦女為受害次高危險群。性侵婦女的罪犯，專指男性加害者，涵蓋各行各業但以高中職（含）以下教育程度為主，其年齡層則分布於有性侵害能力的 12~77 歲間。有了這些基本資料與評鑑分析結果，婦女對性侵害的預防對象（男性加害者）與當事人的特質（女性受害者），都有了「知彼」與「知己」的初步認識。

第 38 單元　性侵害預防、處置、善後

表 19　性侵害預防：如何面對約會強暴

	預防性侵害正確認知與準備
認知	認清加害人不必然是陌生人，非常可能是熟人， 自己要潔身自愛，設定底線並堅持底線， 防人之心不可無，但切勿過分悲觀自閉。
準備	感覺不妥，要明白、清晰地向對方直言抗議， 保持清醒，冷靜鎮定，見機行事， 隨身攜帶口哨及防身小物品， 掌握對外通聯機制，危急時撥 110 報警。

（作者製表）

　　雖然「尊重女性、減少暴力」的家庭教育、社會教育與公民道德教育能化戾氣為祥和，降低國內的強制性交刑案，且政府也通過了《性侵害犯罪防治法》、《性騷擾防治法》及《家庭暴力防治法》（即所謂的婦女人身安全三法或防暴三法），但是，教育與立法是否奏效，要看「百年樹人」幾十年後的治安有無改善，防暴三法是否真能有效嚇阻性侵害的加害者，也有待觀察。積極、正確的作為，是教導婦女如何有效預防性侵害、如何適切處置性侵害、如何善後性侵害。在以男性為主體，父權思想充斥且兩性又難以平權的社會中，處於弱勢的婦女不能太過仰仗社會公義與法律正義，應盡快主動學習自我防衛性侵害 [註 85]。

　　上一單元曾提過，約會強暴恆占強制性交刑案犯罪最常見的手法；這種利用渴望愛情、結交朋友藉以擺脫「單身世代」的感情需求，而趁勢強制性交，普遍發生在開放、多元的校園與職場 [註 86]。事實上，如果早已熟讀本書前述各單元的個人危機概念、分類、辨識、

預判、應變準備與防衛措施，性侵害大致上早已妥善預防，即使發生也能從容應付。本單元則重點著重在婦女預防、處置、善後性侵害的實務面。

上揭表 19 列出如何預防約會強暴的正確認知。首先，婦女一定要分清敵我，要認清性侵害的加害者不全然是暗巷裡突然冒出的陌生猛男，加害者非常可能是熟人，如長輩、長官、同事、同學或男友等，誠所謂「人前手拉手，背後下毒手」；披著狼皮的罪犯，潛藏在社會各角落。第二，當事人自己要潔身自愛，設定底線並堅持底線，絕不可以「今夜不設防」；至於底線要如何設定，端視當事人的價值觀與道德觀。第三，防人之心不可無，既然是愉悅且有期待的約會，當然不必搞到「出門如見敵」的緊繃神情，更不必自閉悲觀排斥約會；只要保持適度的提防與警覺，約會畢竟可以非常快樂、陽光。

表 19 也列出四項預防約會強暴的準備工作。在柔和的燈光、優美的音樂環繞下，為了防止異性朋友意亂情迷、得寸進尺，當事人首要之務，是一旦感覺不妥或感受到不舒服，要非常明白、清楚地向異性朋友直言抱怨、甚至抗議。第二，保持清醒，別被灌醉更不能嗑藥，要冷靜鎮定，見機擺脫性侵害。第三，約會時記得隨身攜帶口哨及防身物品，必要時可派上用場。最後，撥打 110 報警嚇阻性侵害，故而手機不離身，手提包內還得有充電器或充飽電的備用電池。這些準備工作，事實上在出門約會前就應參考第 27 單元表 11 的個人隨身、居家求生必備品清單準備妥當。

若預防失敗或針對突發事故（如竊賊強行入侵劫財劫色），則須跳過預防，直接進入性侵害個人危機處置階段。除了參考第 34 單元處置節奏的快、準、狠三字訣外，性侵害緊急處置也有三原則：自力救濟不期待救兵、緩兵欺敵大事化小、攻防有術以制敵機先。按照這三個性侵害處置原則，可發展出一套面對「兵臨城下」的應急處置程序：衝、逃、拖、賴、痞：

1 衝（衝進）：能衝就不必逃

面對強姦犯，趁其不備向他最弱之處猝然致命一擊制服之；若沒有百分之百把握將罪犯擊倒，建議妳不要冒然衝動，以免激怒對方狠下毒手。

2 逃（脫逃）：能逃就不必拖

創機運勢轉移罪犯焦點，趁隙或趁亂突然逃離現場，運用人群、地形脫離強姦犯的追拿；若沒有百分之百的把握能安全脫險（如高樓躍下可能會跌傷），建議妳不要慌慌張張脫逃，以免被抓回，遭致更嚴厲的凌辱。

3 拖（拖延）：能拖就不必賴

運用利益交換或道德勸說，與歹徒周旋，儘量延遲其性侵慾求，甚至打消其慾念；這與第 33 單元的衝突談判大致雷同，歹徒最大的弱點是性侵害有時程上的壓迫感（怕遭逮捕），故拖延策略是婦女手無寸鐵、手無縛雞之力之弱勢受害者的最佳戰術。

4 賴（賴皮）：能賴就不必痞

拖延不成，罪犯欲「霸王硬上弓」時，則儘量醜化自己，強調有性病、有開放性傳染瘤疾、或有身孕、或有月事，反正就是「抵死不從」。

5 痞（賭爛）：寧痞不屈

被害人可以突發性的抓狂（但不能具有針對歹徒作明顯的攻擊行為），如運用臨場嘔吐、排泄穢物弄到全身髒臭或擊碎門窗玻璃引旁

人注意，甚至開瓦斯縱火氣爆，營造同歸於盡氣氛退敵。

性侵害緊急處置的衝、逃、拖、賴、痞五道程序，並不保證成功讓被害人倖免於難。因此，深度防禦勢必講求已遭性侵害應如何善後[註 87]。這可分兩階段來處理：

① 第一時間

(1) 遭性侵害須於現場冷靜、隱密地蒐集一切相關證物，如用過的衛生紙、保險套，以便作為法院呈堂之檢驗證物；(2) 在沐浴淨身前儘快至醫院急診科或婦產科驗傷、檢查及治療，體內強姦犯留下的分泌物取樣分析，是關鍵性的鐵證；(3) 索取就診紀錄及法醫鑑定開具的驗傷診斷書；(4) 尋求親友協助處理，避免孤軍奮戰。

② 善後恢復

(1) 與親友諮商，共同維護隱私，避免遭旁人對傷口灑鹽，被二次傷害；(2) 使自己生活忙碌，儘快恢復正常（可參考第 35 單元善後十大心靈處方）；(3) 通報執法機關，將強姦犯繩之以法；(4) 若須公務部門協助，可撥內政部「家庭暴力及性侵害防治委員會」婦幼保護專線電話 113，尋求奧援走過陰霾。

注　　釋

[註 82]　Frances P. Reddington, *Sexual Assault: The Victims, the Perpetrators, and the Criminal Justice System*, pp. 376 (Carolina Academic Press, Raleigh, NC, November 2004). ISBN 0-89089-334-9.

[註 83]　鍾宛蓉，《學校，請你這樣保護我：校園性侵害、性騷擾、性霸凌防治暨應對指南》，頁 368（五南圖書，臺北市，2013 年 1 月）。ISBN 978-957-1167-90-9。

[註 84]　Richard Kagan, *Wounded Angels: Lessons of Courage from Children in Crisis*, pp. 176 (Child and Family Press, Chicago, November 2003). ISBN 0-87868-747-5.

[註 85]　Swarup Hart, *Women in Crisis*, pp. 392 (Gyan Publishing, LA, December 2003). ISBN 8-12120-720-7.

[註 86]　David Shumway, *Modern Love: Romance, Intimacy, and the Marriage Crisis*, pp. 269 (New York University Press, NYC, August 2003). ISBN 0-81479-830-6.

[註 87]　Linda E. Ledray, *Recovering from Rape*, pp. 304 (Owl Books, NYC, August 1994). ISBN 0-80502-928-1.

第 拾 貳 章　讓個人危機永遠不上身

兵聖孫武《孫子兵法》軍形篇

勝兵先勝，而後求戰；
敗兵先戰，而後求勝。

個人危機新注《孫子兵法》

具優勢的個人危機控管高手，總是率先創造先贏利
基，才與對手周旋；不具此一優勢者，還是要養成
主動積極的態度面對危機，在處置危機時且戰且走，
在關鍵時刻逆轉勝，度過危機。

人類之所以異於動物，是需求動機的種類與層次非常多，但也因需求多，故危機也多，人類所面對的挑戰與挫敗，也比動物多。處置危機失敗並不可恥，熬不過危機的創痕才真可惜。當事人一輩子中不可能一路贏過來，偶有失意且危機過後倖存，總得走過傷痕再度向積極的人生目標布局。要讓個人危機永遠不上身，一定要確實做到「防患於未然，弭禍於無形，制亂於初動，止危於復甦」。

第 39 單元　向積極的人生志業目標布局

表 20　馬斯洛的需求層次論與個人危機

需求層次	需求類型	實例
最高意境	認識、理解與審美	心靈雞湯
頂層	自我實現的需求	健康快樂
上層	被尊重的需求	望重士林
中層	愛與歸屬的需求	愛河永浴
下層	安全的需求	死裡逃生
底層	生理的需求	飢不擇食

（作者製表）

　　人類之所以異於其他動物、植物，是需求相異且反差非常大。社會科學大師馬斯洛（Abraham H. Maslow）的需求層次論，道盡了人類不同的需求 [註 88]；不過，有需求動機，就有實現的行為，也就可能衍生衝突與危機。上揭表 20 列出馬斯洛的需求層次論，人類與動物最底層是共有之生理需求，如為求生存而飢不擇食，但也因掠食而產生危機。人類與動物還都有的，是下層安全需求，如死地求生，但也因爭奪生路而產生衝突，衍生危機。

　　動物、植物與人類的共有需求，僅止於底層與下層。表 20 內所列人類的中層需求（愛與歸屬）、上層需求（被尊重）與頂層需求（自我實現），動物少有，植物沒有。然而，人類追求情愛、認同歸屬、要求尊重與實現成就，都難免產生衝突，進而衍生危機，如三角戀情、競逐名位、爭權奪利而身陷個人危機。只有人類需求層次的最高意境：認識、理解與審美的需求，由於僅涉及自我心靈美學的範疇，頂多只有自我衝突，鮮少衍生個人危機。

　　馬斯洛的需求動機也間接暗示了人之所以為人，有需求但也得面對危機。人在福中不知福，居安需要思危；人在險境不知險，忘戰必定會危險。老祖宗耳提面命的「福無雙至、禍不單行」，在在說明未雨綢繆的重要性；「禍之福所繫、福之禍所生」，也道盡了人生的起伏與成敗 [註 89]。除非人類完全放棄需求，如沒有意識的植物人，拔管後立即往生，否則為飢餓而戰、為生存而戰、為愛情而戰、為權位而戰、為名利而戰，有戰當然就有危機，也因此個人危機控管，就成為人生必修的課程。

　　在過去，個人危機的控管，從人力、體力、勞力密集型態，進化到使用先進裝備的技術密集型態，再演變到今天的知識密集型態。以山難為例，過去登山隊規避山難，靠隊友碩壯的體魄拚腳程脫逃下山，純屬人力密集的山難危機控管。有了衛星通訊設備與衛星導航定位器，規避山難的危機控管就進化到技術密集型。未來，即時、連續滾動式的專業資訊，可使規避山難的危機控管，進化到知識密集型。

　　莘莘學子進入大學的殿堂，算是在人生譜下一曲完美的辛勤努力樂章，也是人生揚帆出發最佳的啟程港。然而，大學之路並不保證從此一帆風順，學習類、感情類、財務類、健康類及事故類的個人危機，隨時會在人生旅途上浮現。大學生在校園學習環境中，無論是學業、社團或感情三學分上歷經多少試煉，最重要的是從中學習到自我成長、認識自己、認同自己，就是達致「知己」的境界。唯有澈底「知己」：知道自己還缺哪些，才能補強、穩步向前，充滿自信向危機挑戰。

　　第 36 單元曾提到「成功」的定義不是你能贏多少回合，而是在你輸了之後多快可重新站起。一個圓融而又成熟的成功人士，肯定能從挫敗中走過創傷，是一位具有「我將再起」豪情壯志的個人危機控管高手 [註 90]。危機過後，大步走過傷痕向積極人生目標布局的參考規範，列於表 21。人生目標的布局，應包括目標、過程、價值與彈性四大部分。

表 21　走過傷痕向積極的人生志業目標布局

目標	健康、穩定、豐富又有尊嚴
過程	先求生存、再求發展，具備個人預防戰力
價值	受人尊重、尊敬
彈性	掌握核心權力，而非追逐名利。 富而好禮，要懂得施與捨。 窮，要窮得有志氣，貧賤不移。

（作者製表）

① 人生目標

也就是馬斯洛需求層次的頂層：身體健康、生活穩定、日子過得豐富且有尊嚴。

② 人生過程

也就是馬斯洛需求層次的底層與下層，先求生存，再求發展，但要具備危機預防戰力。

③ 人生價值

也就是馬斯洛需求層次的上層，一輩子受人尊重與尊敬。

④ 人生彈性

也就是馬斯洛需求層次的最高意境，人生可以掌握核心權力，而非追逐名利；若成為富豪，要富而好禮，並要懂得施與捨；若一貧如洗，要窮得有志氣，貧賤不移，要有浩然正氣。

　　從危機中走過，從失敗中站起，是邁向成功當個溫拿的起碼門檻；不能通過危機的淬鍊，一切都成空，只能認分作魯蛇。這本書可以讓你學習個人危機控管，也學會找出問題、解決問題的方法。讀完這本書後，終身保持永不間斷地學習知識、充實常識之積沙成塔心態，持續培養自己的判斷力使之精準，且抓住機緣去拓展人生的視野，以開發個人潛能並強化個人應變能力與彈性 [註 91]。最後，特別提醒青年朋友，要強化個人的抗壓性與情緒控管，且把握並用心體會生涯中珍貴的每一秒；這樣，才能建構積極的人生觀，去面對個人危機。

注　釋

[註 88] A. H. Maslow, *Motivation and Personality*, pp. 293 (Haper Collins Publishers, NYC, January 1987). ISBN 0-06041-987-3.

[註 89] Margi Gaither and Connie Dunscomb, *In a Nutshell: Crisis and How We Moved Forward*, Vol. I, pp. 96 (Publish America, NYC, September 2004). ISBN 1-41373-970-9.

[註 90] Clayton M. Christensen 等著，郭瑞祥譯，《哈佛教你做好自我管理：從職涯規畫、家庭生活，到自我追尋，打造全方位的贏家人生》，頁 304（哈佛商評，臺北市，2015 年 10 月）。ISBN 978-986-8927-78-0。

[註 91] Jocelyn K. Glei 著，陳維真譯，《管理你的每個潛能：建立專業、放膽嘗試、創造機會》，頁 248（圓神出版，臺北市，2015 年 4 月）。ISBN 978-986-1335-31-5。

附錄壹　個人危機隨堂習作 39 則

第壹章 習　作

第 1 單元　A. 下列的成對案例，何者為急迫的危機，何者只是長期困擾個人的問題：

　　(1)期末考必修科目不及格，抑或嚴重違反校規遭開除學籍？

　　(2)投資股市追高殺低，抑或遭債主發動黑道討債？

　　(3)親子關係不睦，抑或兄弟爭財終致對簿公堂？

　　(4)過胖，抑或正在腦溢血？

　　(5)習於飆車，抑或磯釣不慎失足墜崖？

　　B. 從回憶中找出何者是個人遭長期困擾的問題，何者是急迫的危機？

第 2 單元　A. 國內經常發生的性侵害，對受害者而言屬非常嚴重的個人危機；性侵害對受害者而言，申論如下的特質：

　　(1)是否會波及他人及群體？

　　(2)是否認定真的是個人危機？

　　(3)是否與外部產生衝突？

　　(4)受害者的心理狀態？

　　(5)受害者的生理反應？

　　(6)受害者是否會恐懼？

　　(7)事發時應急處置的時程有多短？

　　(8)是否有處置？

　　(9)如何處置？

　　(10)事後面對人生如何善後？

B. 從親友或自己遭性侵害的個案中，結局的災難性與創痕有
多嚴重？

第3單元　A. 就下列高危險群的人格特質，各舉出最近媒體報導當事人
的個人危機例證：

(1)好勇鬥狠莽夫型。

(2)丟三掉四麻煩型。

(3)自暴自棄頹廢型。

(4)追逐時尚敗金型。

(5)醉生夢死享樂型。

(6)貪生怕死懦夫型。

(7)耍寶逞能愛現型。

(8)自以為是俠客型。

(9)碰啥壞啥毀滅型。

(10)拈花惹草劈腿型。

B. 找出自己是否屬於上述何種類型（或多型複合），還是不
歸類於上述各型？

第4單元　A. 個人危機控管流程中的認識、預判、善後、準備、分辨、
評鑑、處置與預防，與下列何者具有最大關聯性：

(1)防患於未然。

(2)止危於復甦。

(3)弭禍於無形。

(4)制亂於初動。

B. 人生不可能一路走來贏到底，舉出你自己的人生因挫敗導
致危機發生的流程中，哪些控管流程沒有做好？甚至根本
沒做？

第貳章 習 作

第5單元　A. 個人危機三階段，一般都是前期計畫期程非常冗長，但也有例外，如突發事故釀成災難性的後果。說明突發事故善後期的期程，遠比潛伏期長很多的社會事件。

　　　　　B. 從記憶中找出你自己經歷過的個人危機，潛伏期、爆發期與善後期的期程長短各為何？

第6單元　A. 權貴子弟因無法有效控管個人危機，導致家道中落悲劇收場的新聞，古今中外皆有。試舉最近媒體報導的實例，驗證權貴子弟面對個人危機的五種迷思。

　　　　　B. 平凡人也有個人危機的迷思，檢驗你自己，是否有如下所有的危機迷思：

　　　　　(1)盲目冒進。

　　　　　(2)迷信科技。

　　　　　(3)作賤自己。

　　　　　(4)消極頹廢。

　　　　　(5)不信其有。

　　　　　(6)樂天知命。

　　　　　(7)失敗宿命。

　　　　　(8)不戰而降。

第7單元　你有憂鬱症嗎？評量自己（每項指標內六圈一）是否需就醫：

心理生理評量指標	天天 都有	隔天 就有	每週 兩次	每週 一次	每月 一次	從來 沒有
覺得心情很差	5 ---	4 ---	3 ---	2 ---	1 ---	0
覺得煩躁	5 ---	4 ---	3 ---	2 ---	1 ---	0
覺得壓力很大	5 ---	4 ---	3 ---	2 ---	1 ---	0

心理生理評量指標	天天都有	隔天就有	每週兩次	每週一次	每月一次	從來沒有
覺得全身很不舒服	5 ---	4 ---	3 ---	2 ---	1 ---	0
覺得一無是處	5 ---	4 ---	3 ---	2 ---	1 ---	0
覺得喪失自信心	5 ---	4 ---	3 ---	2 ---	1 ---	0
覺得凡事都會變壞	5 ---	4 ---	3 ---	2 ---	1 ---	0
覺得失去人生興趣	5 ---	4 ---	3 ---	2 ---	1 ---	0
覺得腦袋一片空白	5 ---	4 ---	3 ---	2 ---	1 ---	0
覺得死掉算了	5 ---	4 ---	3 ---	2 ---	1 ---	0
掉淚哭泣	5 ---	4 ---	3 ---	2 ---	1 ---	0
做惡夢嚇到醒	5 ---	4 ---	3 ---	2 ---	1 ---	0
想睡又睡不著	5 ---	4 ---	3 ---	2 ---	1 ---	0
厭食沒胃口	5 ---	4 ---	3 ---	2 ---	1 ---	0
很累、很虛弱	5 ---	4 ---	3 ---	2 ---	1 ---	0
記憶力變差	5 ---	4 ---	3 ---	2 ---	1 ---	0
無法專心做好一件事	5 ---	4 ---	3 ---	2 ---	1 ---	0
做事效率變很差	5 ---	4 ---	3 ---	2 ---	1 ---	0
脾氣變壞常與人衝突	5 ---	4 ---	3 ---	2 ---	1 ---	0
頭痛胸悶、心悸腹瀉	5 ---	4 ---	3 ---	2 ---	1 ---	0
二十項評量指標	個	個	個	個	個	個

評量總分為 ＿＿＿ 分，得分範圍請勾選（四選一）：	
0~10分	無憂鬱症，請安心。
11~40分	輕度憂鬱症，一個月後重行評量是否惡化或有改善。
41~70分	中度憂鬱症，預約掛號精神科專科醫師。
71~100分	重度憂鬱症，逕赴醫院求診精神科專科醫師。

第8單元　A. 以下的論點，依你自己的觀察是否認同：

　　(1)菁英分子都是危機控管高手，所以從來不會自殺。

　　(2)自殺都會留下遺書，說清楚為何尋短並順便交代後事。

　　(3)自殺的人都有精神疾病（重度憂鬱症）。

　　(4)自殺都是突發且沒徵兆。

　　(5)自殺行為偏好發生在某些特定類型的人身上。

(6)與想自殺的人談自我傷害，會加速他走向自盡。

(7)成天嚷嚷要自殺的人，根本不會去自殺。

B. 估算一下你自己的親友、同學、同事中，有多少人在過去十年內曾經有過自我傷害的行為？

第參章　習　作

第 9 單元　A. 列舉最近媒體大肆報導的名人自殺事件，可歸類為個人危機的哪一類：學習？財務？健康？感情？事故？性侵害？它帶給當事人親屬的後遺症，對親屬而言也是個人的感情危機。就遺眷親屬而言，這類危機的恐懼、危安、衝擊、鉅變、死亡衝擊程度有多大？

B. 回憶過去十年間，印象最深刻的個人危機為哪一類？五種衝擊程度各有多大？

第 10 單元　個人危機潛因，不確定因素最大者當為事故危機。下一次你自己出國所前往的國家，勾選下列表中的亂象指標的空白欄，若有亂象就打 ∨，若沒有打 X，若不確定打？若沒打算近期內出國，就用上一次出境所前往的國家當案例；若從未出過國，用本國習作：國別 _____

政治亂象指標		社會亂象指標		經濟亂象指標	
高壓統治		倫理崩解		民生困苦	
朝野對立		治安敗壞		災變連年	
貪腐無能		跨國犯罪		經濟蕭條	
內戰頻仍		族群糾紛		外貿磨擦	
領土爭執		宗教衝突		外資撤出	

政治亂象指標	社會亂象指標	經濟亂象指標
亂象指標（含打勾及問號）超過 10 個（含 10 個，）沒必要就別去；5~9 個短期旅遊也不宜；1~4 個連定居都不要。問號愈多，表示自己的常識與知識愈不足。		

第 11 單元　　就以下各類事故的潛因，配比你自己認爲應有的權重，每一類事故的權重，加總後爲 100：

ICD 編碼致死事故類別	潛　　　　　　因				
	當事人	關係人	事件	實物	外力
民航空難					
沼氣中毒					
誤診致死					
頂樓墜落					
火災燒死					
水災溺斃					
凶　　殺					
暴民誤擊					
自我傷害	75（例）	20（例）	2（例）	2（例）	1（例）

第 12 單元　　A. 企業與國家的危機，迥異於個人危機。我國遭逢重大危機時，國家安全會議的成員就是國家危機處理小組的當然成員。上網查詢《國家安全會議組織法》，抄錄哪些政府首長是危機處置的當然成員，這可彰顯國家危機的複雜度。

　　　　　　B. 記憶中你自己的重大個人危機，有多少人直接幫你處置並善後危機？投入的成本有多大？是否因個人危機而遭起底頻上新聞媒體？

第肆章 習　作

第 13 單元　A. 為期清楚辨識個人危機，相關資訊的(1)來源、(2)內容、(3)結論、(4)意涵，與下列何者一對一關聯性最大：

（甲）完整性

（乙）重要性

（丙）專業性

（丁）正確性

B. 假設你自己正準備申辦信用卡，為防杜個人卡債財務危機，你必須蒐集發卡銀行有關信用卡的資訊，去辨識是否會因過度使用刷爆信用卡而陷入財務危機。就銀行發放信用卡的資訊，論述這些資訊要如何掌握(1)來源專業性、(2)內容的完整性、(3)結論的正確性、(4)意涵的重要性。

第 14 單元　A. 辨識個人危機的每筆相關資訊，除了問 5W 的問題外，每個 W 都各有三種類型涉入（例如：涉入危機的當事人、關係人、關鍵人），將這些類型填入下列空格：

	人 Who	事 What	時 When	地 Where	為何 Why
類型一	當事人（例）				
類型二	關係人（例）				
類型三	關鍵人（例）				

B. 回到信用卡卡債導致個人財務危機的想定情境，辨識人、事、時、地、為何 5W 的問題，對當事人的你，這 5W 類型各為哪一種？

第 15 單元　A. 登山隊山友為預防山難，收取的專業氣象預報資訊以明辨是否有個人危機，可以用到下列表格中哪些數理邏輯推

演？可複選。

量化數理邏輯		質化數理邏輯	
加總與相乘		減項剔除	
輸出（入）與平衡		增項植入	
交集與聯集		縮小歸零	
線性與非線性		無限擴大	
對稱與非對稱		消耗萎縮	
迴旋與迴歸		補充增屯	

B. 回到你自己申辦信用卡可能衍生卡債的個人財務危機，要辨識個人財務危機可用哪些數理邏輯推演？以上問題均可複選。

第 16 單元 A. 下列個人危機的五種分類，哪一種貴人在你自己的認知中，可協助你辨識各類個人危機（可複選）：

個人危機分類	學習	財務	健康	感情	事故
長輩類的貴人					
朋友類的貴人					
諮商類的貴人					
顧問類的貴人					
師長類的貴人					
長官類的貴人					
執法類的貴人					
領導類的貴人					

B. 在你的人脈中，記錄下每一類貴人最可以與你懇談，並協助你分辨個人危機的資料：

貴人類別	姓　名	關　　係	手機（電話）號碼	是否有碩博士學位
長輩類				
朋友類				
諮商類				
顧問類				
師長類				
長官類				
執法類				
領導類				

第伍章 習　作

第 17 單元　A. 運用質化感性描述去預判個人危機，最常用的是 SWOT 分析法。個人的危機可運用個人的實力，去預判危機是否會上身。使用感性的二分法，如好或壞、強或弱、有或無、多或少、高或低，填滿下列 SWOT 分析表中十項個人實力的評等（第一項為案例）。

個人實力	優勢 S	弱點 W	機會 O	威脅 T
意志力（例）	強	弱	高	低
求生能力				
自衛技術				
健康體能				
貴人相挺				
人際關係				
協調能力				
談判技巧				
一般常識				
專業知識				

B. 從上表中審視你自己的十項評等並作一次總結，你的實力與能力，是否為優勢 S 加機會 O、多過弱點 W 加威脅 T；如果不是，你就得加強個人的實力去面對潛在的危機。

第 18 單元　A. 個人危機的危險等級 D，在時間軸、損害軸與風險軸間有 216 種數字組合，其中有多少種會導致危險等級 D＝0？

B. 站在三十層高樓樓頂邊緣企圖跳樓自殺的親友，這個自殺事件的危險等級，你預判時間、損害、風險三條軸線中，哪一條軸線幾乎可確定為最高危險等級 10 分？若同時又吹起強風，則哪一條又幾乎可確定為最高危險等級 10 分？若求死意志堅決，則哪一條也可確定為最高危險等級 10 分？

第 19 單元　A. 身體髮膚不可輕易毀傷，任何傷害都會是不同程度的個人危機損害。就下列表格中，依你自己的認知預判危機的危險等級，填入三維座標半量化損害軸（B 軸）分數：10（損害極嚴重）、8（損害嚴重）、6（損害中度）、4（損害輕微）、2（損害極輕微）或 0（無損害）：

蚊蚋叮咬		跌倒骨折		骨髓移植	
過敏出疹		毒蛇咬噬		全身癱瘓	
久咳不癒		全身燒傷		癌症末期	
破皮出血		雙眼失明		死　　亡	

B. 考試沒考好，進不了理想的學府，也算是個人危機相當程度的損害。重要的入學考試，如碩、博士班筆（口）試、大學指考及高中基測。在你個人的體驗中，考前準備可運用的時間，在下表中填入三維座標半量化預判危險等級時間軸（A 軸）分數：10（時間極緊迫）、8（時間緊迫）、6（時間夠用）、4（時間寬鬆）、2（時間極寬鬆）或 0（時間不是問題）：

入學考試前準備應考的時間只剩……						
1分鐘	1小時	1天	1週	1月	1季	1年

第 20 單元　A. 我空軍在民國 50 至 70 年的飛行官老前輩，在其二十年的捍衛領空飛行生涯中，所累計重大飛安事故的失事風險值有多高？運用第 20 單元公式 [2] 計算其風險評等 G 值。

B. 重大飛安事故通常在時程上屬生死一線間，損害程度都是機毀人亡，風險都極其嚴重。戰鬥機飛行官執行戰訓飛行任務，屬正常風險還是投機風險？基本風險還是特定風險？主觀風險還是客觀風險？運用第 18 單元公式 [1] 預判飛行途中突遇「發動機空中熄火」的危險等級 D。

第陸章　習　作

第 21 單元　A. 校園青少年面臨的三大困境，是學業、愛情、跑社團（人際關係），也是大學生必修的校園三個學分。試論述學生長年以來這些困境處理不好，最終的個人危機為何？

B. 就你自己周邊的同學，各舉一個學業、愛情、人際關係有預防措施，避開個人危機的實例。

第 22 單元　A. 依第 22 單元公式 [3]、[4]、[5] 的計算式，會逼使個人危機的預防戰力全面瓦解（即 W=0），有哪幾種表 9 所列之要項從缺（即權重為零）的組合，會導致戰力崩解？

B. 當健檢報告顯示當事人罹患絕症的噩耗傳來時，個人危機功能性動態的能力，是否會因健檢報告的衝擊，致使當事人態度、信心、企圖心及情緒等控管要項會大幅萎縮？在此衝擊下，當事人會給自己公式 [5] 內 L、T、M、Q 及 P 多少評分？

第 23 單元　A. 個人危機預防結構性的靜態實力，可用質化評量你的現有實力，僅針對下表每一子項的「強」與「弱」勾選其一：

要　項	子項（配分）	強	弱	得分
基　本潛　能	我無論如何得活下去 (5)			
	只要一把瑞士刀，在深山就可存活 (5)			
	會以心肺復甦術搶救長輩 (5)			
	嬰兒在廁所誤飲鹽酸，懂得化解 (5)			
健　康體　能	瞭解抗組織胺的藥理 (5)			
	每天早睡早起，作息規律 (5)			
	可在海上長泳千公尺 (5)			
	摔角、擒拿通過初段認證 (5)			
人　際關　係	手機內鍵入至少十組親友門號 (10)			
	每年都有親友替自己慶生 (10)			
思　維認　知	曾擬定多種個人化推案、企劃案 (5)			
	曾協調溝通、大事化小 (5)			
	曾談判成功創造完勝 (5)			
	曾擔任過班級、社團重要幹部 (5)			
	有學士學歷且每週讀一本好書 (10)			
	碩、博士學歷或十年以上主管經歷 (10)			

　　　　　　B. 若改用半量化五等分評估：極強（1.0）—強（0.8）—中度（0.6）—弱（0.4）—極弱（0.2）—無（0），就你現有的危機預防結構性的靜態實力每一子項六選一後，再乘以配分，填入上表得分欄。你個人危機預防實力加總總分是：S ＝ ＿＿＿＿＿。

第 24 單元　A. 個人危機預防的功能性動態能力，可用質化評估你自己現有的能力，僅針對下表每一子項的「強」與「弱」勾選其一：

能力要項	主要表徵（配分）	強	弱	得分
態度	具有鋼鐵般的意志力 (1)			
信心	相信一定有辦法預防危機 (1)			
企圖心	具旺盛的企圖做好、做完 (1)			
情緒控管	沉穩冷靜、從不發飆 (1)			

B. 若改用半量化五等分評估：極強（1.0）─強（0.8）─中度（0.6）─弱（0.4）─極弱（0.2）─無（0），就你自己現有的危機預防功能性的動態能力每一子項六選一後，填入上表得分欄，你個人危機預防能力相乘總分是：P = _____。再與習作第 23 單元 B 項結合，你個人危機預防戰力是 W = S × P = _____。

第柒章 習　作

第 25 單元　A. 人與人衝突所形成的個人危機，在充分做好危機應變準備後，以 3C 嚇阻條件明示對手，真的可以「有效」嚇阻對手免除危機嗎？

B. 論述「料敵從寬」與「料敵從適」的分際；至於「律己從嚴」與「律己從實」又有何不同？部署「十面埋伏」是料敵「從寬」，還是「從適」的結果？「臥薪嘗膽」是律己「從嚴」，還是「從實」的表徵？

第 26 單元　A. 學生最大的個人危機之一，是很多課業不及格遭退學，試列出你自己可能遭退學後，面臨危機的天、地兩案劇本。

B. 依據前列的天、地兩案劇本，按照退學後的時序，編寫十條應變作業程序書，當然你也期望自己在被退學後，在最短期間內重考上理想的學府。

第 27 單元 A. 以下個人隨身攜帶的求生必備品，手邊有的請勾選：

手機與充電器		常用藥品		應急現鈔	
太陽眼鏡		優碘		瑞士刀	
筆型電筒		抗組織胺		摺疊剪刀	
掌型鏡面		抗生素軟膏		摺疊斧鋸	
口哨		急救繃		備用電池	

再看以下居家求生必備品，除了口糧、飲用水，家中有的請勾選：

蓋頭雨衣		防水鞋		體溫計	
防晒遮帽		防寒衣		小塊肥皂	
睡袋		粗、細繩索		消毒酒精	
蚊帳		火柴蠟燭		紗布繃帶	
個人帳篷		軍用杯、壺		迷你別針	

以上未勾選到的個人隨身、居家求生必備品，應儘快儲備。

B. 40 種切身相關的急救症狀，你曾親身經歷過多少種？更麻煩的是，40 種急救專業知識，你不會哪幾種？經歷過的打 O，不會的打 X，經歷過到現在還是不會的打 ✓：

食道打嗝		暈車船機		閃腰扭傷		常流鼻血	
便祕痔瘡		酷熱中暑		抽搐痙攣		狂犬咬傷	
異物入眼		凍瘡凍傷		關節脫臼		毒蛇咬噬	
耳朵堵塞		喝茫宿醉		踩空跌倒		觸電電擊	
仰臥鼻塞		燒傷燙傷		手腳骨折		失足溺水	
久咳不止		魚刺在喉		刀割槍傷		癲癇發作	
吸入毒氣		牙齦酸痛		食物中毒		心臟病發	
嗆吸濃煙		腹痛如絞		誤吞異物		腦部中風	
貧血暈眩		上吐下瀉		誤飲液汁		眼球刺穿	
肌腱抽筋		恍神昏迷		誤攝藥物		咯血不止	

第捌章　習　作

第 28 單元　A. 有關個人危機健康類的體能小祕訣，你已經做到的請勾選：

規律的運動		過勞時立即休養	
睡眠適量		用電腦時也有在運動	
減少電磁輻射		知曉撥打 119 時機	
常用藥品就在身邊		定期做健檢	
壓力大時深呼吸		有投保壽險	

B. 有關個人危機健康類的飲食小祕訣，你已經做到的請勾選：

四低一高要吃對		飲食多樣多元化	
生菜蔬果泡、沖才食用		避免暴食、偏食、厭食	
改掉口味重的習慣		運動量夠才進食	
少吃肉蛋奶，多食蔬果		早餐都有吃飽	
少用煎炒炸烤與生食		不吃宵夜	

凡 A、B 項沒有勾選到的，儘快補強才健康、快樂、不生病。

第 29 單元　A. 假設你剛自學校畢業，25 歲時成爲職場新鮮人，年薪及年終獎金合計 51.7 萬元；再假設每年調薪升級，扣除通膨與通縮，每年等同淨調升薪水 2%。驗證要在 65 歲退休時的年薪有 113 萬元，退休時自備的養老金是 113 萬元的 15 倍，即 1,700 萬元；若要累積財富達致自備養老金額度，則每年應由薪水中固定扣下 54.8% 儲蓄。當然，前提是你的「繼承人生」已擁有一房地產，及早理財眞的很重要！

B. 若你受不了領低微的薪俸、象徵性的加薪與沒利息的負利率環境，努力脫貧而成爲業績奇佳的錢滾錢金融投資達人，每年投資報酬率高達 10%，四十年內錢滾錢，到 65 歲時已累積財富達致自備養老金額度 1,700 萬元；不計這

期間的通膨與通縮，驗證四十年前 25 歲的原始本金僅需要 38 萬元。及早儲存人生的第一桶金、學會投資基本功，也非常重要！

第 30 單元　A. 仔細觀察在網咖、車站、公園、公廁內，是否有潛在加害者逗留（如吸毒的安公子）？ 哪些街坊鄰居可能會是刑案的潛在受害者？

B. 以下的個人生活、居住防衛小祕訣，已經做到的請勾選：

入廁時必攜帶衛生紙		知曉居住環境治安現況	
手機設過濾機制		屋內沒有儲放危險品	
急用電話號碼有儲存		踏入電梯前會辨識安危	
護照從不交予陌生人		獨居女性設定欺敵動作	
不招搖炫耀多金		進出門會反鎖抽鑰匙	
遭歹徒跟蹤可擺脫		貴重物品文件存入保險箱	
隨身攜帶防身物品		應急物品定期檢查整理	
絕不去網咖、夜店		清楚水電瓦斯管線通路	
緊急避禍處已設妥		消防器材都會用	
守望相助敦親睦鄰		知曉撥打 165 的時機	

沒勾選到的小祕訣，請儘快學會。

第 31 單元　A. 參閱第 31 單元的圖 18，民國 104 年全年度平均多少位國民就有一位因車禍而傷亡？ 統計一下你認識的親朋好友中，民國 104 年內因車禍而傷亡的是哪幾位？

B. 以下個人育樂防衛措施，確實做到的或認知到其重要性的請勾選：

國境通關不受託帶貨		危邦不入，出門如見敵	
國外旅遊需定期電告父母		登山前有查閱氣象預報	
住宿退房時鎖上房門		潛水、游泳都結伴同行	

進入公共場所先找逃生門		勤練防身術	
火災逃生的正確動作		發生運動傷害立即就醫	
禁藥不吃就是抵死不吃		旅行前有投保意外險	

　　沒勾選到的儘快弄清楚，下回育樂活動時要確實做到。

第玖章 習　作

第 32 單元　A. 就你記憶所及，上次你與對手發生衝突差點釀成個人危機
　　　　　　　的事件，是自己與他人一對一，還是自己單獨對抗群體？
　　　　　　　上次的衝突，在類別上屬於強制、認知、價值、情緒的衝
　　　　　　　突，或是複合型的衝突？

　　　　　　B. 上次的衝突，你處置的原則符合兵法上的哪一層級：上兵
　　　　　　　伐謀？其次伐交？再次伐兵？還是其下攻城？

第 33 單元　A. 就習作第 32 單元的「衝突」繼續推演，一旦要以談判來化
　　　　　　　解衝突，你認為該不該談判，理由何在？

　　　　　　B. 列出談判起始、過程、收尾的 12 項技巧，並嘗試與朋友
　　　　　　　自由對練，看看他是否如你所願肯來談判，並與你協商最
　　　　　　　終達成協議，記得提醒朋友要帶著敵情來對練。

第 34 單元　A. 假設歹徒入侵宅內對你施暴，請論述處置此類危機節奏的
　　　　　　　三字訣；此外，要增加自己直覺判斷正確性的十六字箴言，
　　　　　　　要如何力行實踐？

　　　　　　B. 夫妻同乘觀光潛艇下潛珊瑚礁磐觀景，不幸潛航中出
　　　　　　　事……假設大禍臨頭時，逃生艙僅能容下一人且僅能使用
　　　　　　　一次，夫或妻在法律上、道德上、道義上可否單獨逃生？

第拾章 習 作

第 35 單元 A. 用第 34 單元發生於民國 60 年 8 月第一次奇萊山山難倖存的女同學為例，試推估她創傷後壓力症候的時程：

期程	時程	EQ 控管能力
第一期（震撼期）		
第二期（過激期）		
第三期（恢復期）		

B. 試列出創傷後壓力症候你自己特有的十帖心靈處方：

藥　名	處　　方	藥　名	處　　方
內心吶喊		積極創作	
防止空白		換個環境	
回憶成就		重塑自信	
規劃願景		求助心輔	
展現幽默		永不再犯	

第 36 單元 A. 個人危機善後期的歸詢紀錄，有 5W+1H 要件，試將其紀錄重點填入下表：

5W+1H	紀錄重點
Who	
What	
When	
Where	
Why	
How	

B. 近二十年（1996~2016 年）國籍民航機失事紀錄如表 16 所列，全球其他所有航空公司在同一期間共有 500 次失事，乘客及飛勤組員合計約 1.8 萬人喪生。按照下表所列的總飛行架次，計算並填報國籍航空業前三強及其他航空業失事率與死亡率：

航空業	總飛行架次（萬架次）	失事率（次／萬架次）	死亡率（人／每次失事）
中華、華信航空	260.6		
長榮、立榮航空	252.2		
復興、威航航空	113.5		
國籍其他航空業	55.7		
國籍航空業加總	682.0		
全球其他航空業	70,422.0	1 次／141 萬架次	36 人／每次失事

此一評鑑，數據會說話，唯一名列 JACDEC 前段班的國籍航空公司，會是哪一家？

第拾壹章　習　作

第 37 單元　A. 說明性侵加害者的性別、年齡、教育程度與職業特徵。披著狼皮的高學歷、高收入、高階主管的「三高情狼」，占加害者的比例為何？男性加害者的關鍵特徵，是年齡、教育程度，還是職業（三擇一）？

B. 說明性侵受害者的性別、年齡、教育程度與職業特徵。女性受害者的關鍵特徵，是年齡、教育程度，還是職業（三擇一）？

第38單元　A. 去驗證：過往十年女性受害者遭性侵害的機率高達每一萬
　　　　　　位婦女就有百位，遭性侵害的機率高達 1%！遭性侵害的
　　　　　　這百位婦女，報了案且又破案的，只有三位（運用表 18
　　　　　　及圖 21 的數據試算）。

　　　　　B. 填入下表虛擬實境，突發在妳身上（或你的女友）之性侵
　　　　　　害處置想定：

處置想定	衝	
	逃	
	拖	
	賴	
	痞	

第拾貳章　習　作

第39單元　A. 期盼賺到人生第一桶金，躋身百萬美元富豪之林，這種動
　　　　　　機屬於馬斯洛需求層次論當中的哪一個層次？

　　　　　B. 人類（靈長目的智人種）與沒有思想的靈長動物如獼猴，
　　　　　　從馬斯洛的需求動機看，兩者各有哪些需求？有需求者
　　　　　　請在下表欄中打 O，沒此需求者打 X；有需求且會衍生危
　　　　　　機者，在下表欄中打雙圈◎：

層次	需求	人類	魚類
最高意境	審美與信仰		
頂　層	自我實現		
上　層	被尊重		
中　層	愛與歸屬		
下　層	安　全		
底　層	生　理		

附錄貳　大學不教的校園學生預防危機處方箋 12 則

處方箋第 1 則：面對期末考

期末考雙二一被當的風險評估

期末考的特色：多種考試密集來到。

期末考的準備：備多力分拿捏不易。

期末考的應試：曠考遲到白忙一場。

期末考的走險：作弊遭踢爆最終開除。

期末考的成績：挾眾要分極難達陣。

處方箋第 2 則：找大師啟蒙

沒在校園聆聽大師演講的風險評估

大師演講的場所：只有校園才請得動大師蒞校。

聆聽大師演講的特色：個人啟蒙勝讀十年書。

聆聽大師演講的準備：針對議題請大師開示。

聆聽大師演講的紅利：請准與他通聯終身請益。

沒聆聽大師演講的後果：別人滾動式長進你退步。

處方箋第 3 則：積極跑社團

沒積極參與社團的風險評估

跑社團的特色：課堂不教的生活學分。

跑社團的態度：學習與團友和諧相處。

跑社團的熱度：破表與冷淡都不值得。

跑社團的付出：避免吃喝玩樂等退學。

跑社團的成績：沒參加你會變怪咖。

處方箋第 4 則：愛情必修學分

真心換絕情且人財兩失的風險評估

愛情學分的特色：該是你的閃躲不掉。

愛情學分的準備：一切隨緣不可強要。

愛情學分的淬鍊：正妹成千帥哥上萬。

愛情學分的險棋：恐怖情人萬萬不可。

愛情學分的成績：兵變劈腿情傷控管。

處方箋第 5 則：打工賺學費

打工賺學費的風險評估

打工賺學費的特色：必要的體驗方知賺錢辛苦。

打工賺學費的態度：有所為、有所不為。

打工賺學費的祕訣：向老鳥學長姐請益。

打工賺學費的風險：見利撈錢人財兩失。

打工賺學費的極限：不影響學業與校園活動。

處方箋第 6 則：時間管理祕笈

時間管理不當的風險評估

時間管理的特色：可以每天多賺三小時以上。

時間管理的準備：仔細想好輕、重、緩、急。

時間管理的執行：如期、如質、如預算達陣。

時間管理的極致：同時做好又做完很多事情。

沒有時間管理的悲情：大學四年就這樣混過。

處方箋第 7 則：保持健康體能

健康體能不好的風險評估

健康體能的特色：晝夜顛倒的大學生活傷身。

健康體能的準備：早起早睡生活規律。

健康體能的執行：有氧運動每週三三三以上。

健康體能的極致：免疫力超強則腦清目明。

沒有健康體能的悲情：大學畢業時輸在起跑點。

處方箋第 8 則：校安在大學

不重視校園安全的風險評估

校安在大學的特色：環場都是致癌物與毒素如 PM2.5。

校安在大學的防備：穿長袖、長褲、戴口罩及遮耳、頸的帽子。

校安在大學的體驗：健康食材絕對難吃，好味的未必健康。

校安在大學的無奈：校園環境愈來愈髒隨處都可能致病。

校安在大學的悲情：拒絕調適只能換個校園環境繼續求學。

處方箋第 9 則：求診治療

求診治療不當的風險評估

求診治療的特色：身體不適是健康警訊。

求診治療的態度：有病自然會痊癒？

求診治療的祕訣：問診的醫師要選老鳥，還是幼齒？

求診治療的醫院：去大醫院，還是小診所？

求診治療的處方：處方藥要按時服完！

處方箋第 10 則：建構自信

建構自信不當的風險評估

建構自信的特色：自信是有把握做好，不是空喊口號。

建構自信的第一步：知己就得要先列出自己十大缺點。

建構自信的第二步：自己哪些缺點可改善則馬上改正。

建構自信的第三步：發揚自己優勢並藏拙。

毫無自信的風險：在競逐中立即慘遭汰除。

處方箋第 11 則：生涯規劃

沒有生涯規劃的風險評估

生涯規劃的特色：有想法，才會有方向，有夢最美。

生涯規劃的準備：給未來許個可達陣的人生目標。

生涯規劃的體現：蒐集資訊萬全準備踏實逐夢。

生涯規劃的啟動：畢業後的頭一年要現在開始及早規劃好。

沒有生涯規劃的悲情：畢業前又忙又茫又盲。

處方箋第 12 則：準備進入職場

進入職場立即被幹掉的風險評估

形象企業與公務機關永不錄用：有前科紀錄或有開放性的傳染病或吸毒者（怎麼會在求職時被查獲？），在公務機關服務一旦酒駕肇事，極可能遭查處撤職。

職場的特色：職場的潛規則（內規）與地雷（違法）特別多。

職場的殘酷：做事容易處事難，待人接物眉角多。

進入職場的態度：規避棒打出頭鳥的老二哲學。

職場考核的倫理：群、勤、誠、德、紀、禮、敏、體、智。

職場現實的風險：搞不清職場現實，立即出局。

附錄參　個人危機相關中文著作延伸閱讀

下列書目為近二十年出版與危機相關的中文著作延伸閱讀，惟不包括譯作及譯述。論述個人危機直接相關的預判、預防、處置與善後的書目，以符號★標示：

1. 盧文平，《化危機為轉機的 55 條應變策略》，272 頁（菁品文化出版，新北市，2016 年 3 月）。ISBN 978-986-9231-94-7。

★ 2. 何俐伶，《上班危險，小心輕放：完美對付工作危機的生存技巧》，256 頁（讀品文化出版，新北市，2016 年 3 月）。ISBN 978-986-4530-30-4。

★ 3. 莫嘉廉等，《職場倫理》，184 頁（全華圖書出版，新北市，2016 年 2 月）。ISBN 978-986-4631-41-4。

★ 4. 劉燁，《危機處理與生存智慧法則》，304 頁（華文鼎文化出版，臺北市，2016 年 1 月）。ISBN 978-957-8007-53-6。

★ 5. 裘凱宇，楊嘉玲，《衝突對話，你準備好了嗎？》，224 頁（本事出版，臺北市，2015 年 12 月）。ISBN 978-986-6118-95-1。

★ 6. 梁錦華，《無聲海嘯出版：大腦退化、人性喪失、健康淪陷大危機》，304 頁（原水出版，臺北市，2015 年 10 月）。ISBN 978-986-5853-84-6。

★ 7. 洪子堯，《1 分鐘救命關鍵！你一定要知道的居家急救手冊》，240 頁（PCUSER 電腦人文化出版，臺北市，2015 年 4 月）。ISBN 471- 770-2089-72-6。

★ 8. 譚建民等，《旅遊健康管理：兼談旅遊安全》，288 頁（華立圖書出版，新北市，2015 年 3 月）。ISBN 978-957-7844-71-2。

★ 9. 漂亮家居編輯部，《居家安全健診 100》，128 頁（麥浩斯出版，

臺北市，2015 年 2 月）。ISBN 978-986-5680-58-9。

★ 10. 陳澤義，《生涯規劃》，384 頁（五南圖書出版，臺北市，2015 年
　　 4 月）。ISBN 978-957-1180-92-2。

★ 11. 胡嘉琪，《從聽故事開始療癒：創傷後的身心整合之旅》，336 頁（張
　　 老師文化出版，臺北市，2014 年 11 月）。ISBN 978-957- 6938-48-
　　 1。

　 12. 王冬等，《掛號、看診、拿藥背後的祕密：長庚醫院教我的 6 堂成
　　 功管理課》，256 頁（遠流出版，臺北市，2014 年 11 月）。ISBN
　　 978-957-3275-19-0。

★ 13. 藍采風，《壓力管理：提升生活的品質》，320 頁（幼獅文化出版，
　　 臺北市，2014 年 4 月）。ISBN 978-957-5749-51-4。

★ 14. 文長安，《權威食品安全專家教你安心買，健康吃》，176 頁（平
　　 安文化出版，臺北市，2013 年 9 月）。ISBN 978-957-8038-71-4。

　 15. 劉文仕，《情色危機：性交易管理法制新解》，200 頁（元照出版，
　　 臺北市，2013 年 7 月）。ISBN 978-986-2553-22-0。

　 16. 蔣立智，《100% 有感開運：不可不知的風水危機 100 禁》，352 頁
　　 （活泉出版，高雄市，2013 年 7 月）。ISBN 978-986-2713-85-3。

★ 17. 鄭燦堂，《人身風險管理：理論與實務》，344 頁（五南圖書出版，
　　 臺北市，2013 年 7 月）。ISBN 978-957-1171-91-3。

　 18. 郭瑞祥、陳建豪，《勇敢做唯一的自己：台大教授郭瑞祥的人生管
　　 理學》，236 頁（天下文化出版，臺北市，2013 年 4 月）。ISBN
　　 978-98-3201-58-8。

　 19. 黃丙喜、馮志能，《動態危機管理：一個 360 度的危機管理對策》，
　　 304 頁（商周出版，臺北市，2012 年 1 月）。ISBN 978-986- 2720-
　　 80-6。

　 20. 黃清賢，《危害分析與風險評估》，204 頁（三民書局出版，臺北市，
　　 2011 年 10 月）。ISBN 978-957-1423-12-8。

★ 21. 楊鴻濤，《心靈 CPR：危機處理手冊》，272 頁（傳愛家族傳播文
　　 化出版，臺北市，2011 年 9 月）。ISBN 978-986-8829-00-8。

　 22. 王子云，《不設限的人生》，224 頁（商周出版，臺北市，2009 年

7 月）。ISBN 978-986-6369-06-3。

★ 23.向遠洪，《你的管理錯在哪裡？》，256 頁（海洋文化出版，臺北市，2009 年 4 月）。ISBN 978-986-6553-64-6。

★ 24.呂欣芹、方俊凱，《我是自殺者遺族》，192 頁（文經社出版，臺北市，2008 年 9 月）。ISBN 978-957-6635-46-5。

★ 25.李湧清、黃啓賓，《生活與危機管理》，340 頁（一品出版，臺北市，2008 年 8 月）。ISBN 978-986-6721-17-5。

★ 26.鄔佩麗，《危機處理與創傷治療》，347 頁（學富文化出版，臺北市，2008 年 4 月）。ISBN 978-986-8390-98-0。

★ 27.黃龍杰，《搶救心理創傷：從危機現場到心靈重建》，240 頁（張老師文化出版，臺北市，2008 年 4 月）。ISBN 978-957-6937-19-4。

28.容曉歌，《每個危機都是轉機》，192 頁（普天出版，新北市，2007 年 1 月）。ISBN 978-986-5853-84-6。

29.曹瑞泰，《成功的菁英之學：化危機爲利機》，256 頁（文英堂出版，臺北市，2005 年 3 月）。ISBN 957-8811-25-X。

30.王寶玲編，《紫牛學危機處理：如何解決問題，與問題背後的問題》，394 頁（創見文化出版，臺北市，2004 年 11 月）。ISBN 986-127-227-5。

31.朱延智，《企業危機管理》，480 頁（五南圖書出版，臺北市，2004 年 10 月）。ISBN 957-11-3334-5。

★ 32.李啓明，《兵法領導管理學》，255 頁（黎明文化出版，臺北市，2004 年 9 月）。ISBN 957-160-698-7。

33.詹中原，《危機管理：理論架構》，466 頁（新管理學系列第 5 冊，聯經出版，臺北市，2004 年 1 月）。ISBN 957-08-2678-9。

34.汪明生、朱斌好，《衝突管理》，336 頁（五南圖書出版，臺北市，2003 年 9 月）。ISBN 957-11-1782-X。

★ 35.邱強口述，《危機處理聖經》，240 頁（天下遠見出版，臺北市，2003 年 6 月）。ISBN 957-62-1930-2。

36.詹中原，《危機管理：個案分析》，347 頁（神州圖書出版，臺北市，

2003 年 5 月）。ISBN 986-78-6609-6。

★ 37.張覺民，《九十分鐘掌握危機管理》，350 頁 （勝景文化出版，臺南市，2003 年 2 月）。ISBN 986-79-1146-6。

★ 38.朱愛群，《危機管理：解讀災難謎咒》，480 頁 （五南圖書出版，臺北市，2002 年 2 月）。ISBN 957-11-2721-3。

★ 39.陸炳文，《你是應變高手？個人危機管理 36 心法》，347 頁 （商周出版，臺北市，1996 年 5 月）。ISBN 957-8420-56-0 。

索 引

一 畫

二 畫

三　畫

四　畫

五畫

六　畫

九　畫

十一畫

十二畫

十三畫

十六畫

十七畫

十八畫

十九畫

二十二畫

二十五畫

您，了没？

趕緊加入我們的粉絲專頁喲！

教育人文 & 影視新聞傳播～五南書香

等你來挖寶

【五南圖書 教育／傳播網】
https://www.facebook.com/wunan.t8
粉絲專頁提供——

・書籍出版資訊（包括五南教科書、
　知識用書，書泉生活用書等）

・不定時小驚喜(如贈書活動或書籍折
　扣等)

・粉絲可詢問書籍事項（訂購書籍或
　出版寫作均可）、留言分享心情或
　資訊交流

封面圖
不定期
會更換

請此處加入
按讚

五南文化廣場

橫跨各領域的專業性、學術性書籍
在這裡必能滿足您的絕佳選擇！

五南全國展售門市

【逢甲店】　【台大店】

【嶺東書坊】　【海洋書坊】

【環球書坊】　【台中總店】

【高雄店】

【屏東店】

海洋書坊：202 基 隆 市 北 寧 路 2號 TEL：02-24636590　FAX：02-24636591
台 大 店：100 台北市羅斯福路四段160號 TEL：02-23683380　FAX：02-23683381
逢 甲 店：407 台中市河南路二段240號 TEL：04-27055800　FAX：04-27055801
台中總店：400 台 中 市 中 山 路 6號 TEL：04-22260330　FAX：04-22258234
嶺東書坊：408 台中市南屯區嶺東路1號 TEL：04-23853672　FAX：04-23853719
環球書坊：640 雲林縣斗六市嘉東里鎮南路1221號 TEL：05-5348939　FAX：05-5348940
高 雄 店：800 高 雄 市 中 山 一 路 290號 TEL：07-2351960　FAX：07-2351963
屏 東 店：900 屏 東 市 中 山 路 46-2號 TEL：08-7324020　FAX：08-7327357
中信圖書團購部：400 台 中 市 中 山 路 6號 TEL：04-22260339　FAX：04-22258234
政府出版品總經銷：400 台中市軍福七路600號 TEL：04-24378010　FAX：04-24377010
網 路 書 店　http://www.wunanbooks.com.tw

專業法商理工圖書・各類圖書・考試用書・雜誌・文具・禮品・大陸簡體書
政府出版品總經銷・中信圖書館採購編目・教科書代辦業務

國家圖書館出版品預行編目資料

個人危機：預判、預防、處置與善後／鍾堅
著. －－二版.－－臺北市：五南, 2016.09
　面；　公分
ISBN 978-957-11-8737-2（平裝）
1.生活指導
177.2　　　　　　　　　105013718

1Z95

個人危機
預判、預防、處置與善後

作　　者 ― 鍾　堅(402.1)

發 行 人 ― 楊榮川

總 編 輯 ― 王翠華

主　　編 ― 陳念祖

責任編輯 ― 李敏華

封面設計 ― 陳翰陞

出 版 者 ― 五南圖書出版股份有限公司

地　　址：106台北市大安區和平東路二段339號4樓

電　　話：(02)2705-5066　　傳　　真：(02)2706-6100

網　　址：http://www.wunan.com.tw

電子郵件：wunan@wunan.com.tw

劃撥帳號：01068953

戶　　名：五南圖書出版股份有限公司

法律顧問　林勝安律師事務所　林勝安律師

出版日期　2006年 9 月初版一刷（共2刷）
　　　　　2016年 9 月二版一刷

定　　價　新臺幣320元